D1453729

Presencia

El arte de la paz y la felicidad

Volumen 1

Si este libro le ha interesado y desea que lo mantengamos
informado de nuestras publicaciones, puede escribirnos a
comunicacion@editorialsirio.com,
o bien registrarse en nuestra página web:
www.editorialsirio.com

Título original: Presence Vol. 1 – The Art of Peace and Happiness
Traducido del inglés por Francesc Prims Terradas
Diseño de portada: Editorial Sirio, S.A.

© de la edición original
Rupert Spira 2014

Publicado inicialmente en el año 2011 por Non-Duality Press

© de la presente edición
EDITORIAL SIRIO, S.A.

EDITORIAL SIRIO, S.A.	NIRVANA LIBROS S.A. DE C.V.	ED. SIRIO ARGENTINA
C/ Rosa de los Vientos, 64	Camino a Minas, 501	C/ Paracas 59
Pol. Ind. El Viso	Bodega nº 8,	1275- Capital Federal
29006-Málaga	Col. Lomas de Becerra	Buenos Aires
España	Del.: Alvaro Obregón	(Argentina)
	México D.F., 01280	

www.editorialsirio.com
sirio@editorialsirio.com

I.S.B.N.: 978-84-16233-81-6
Depósito Legal: MA-908-2015

Impreso en Imagraf Impresores, S. A.
c/ Nabucco, 14 D - Pol. Alameda
29006 - Málaga

Impreso en España

Rupert Spira

Presencia

El arte de la paz y la felicidad

Volumen 1

editorial Sirio

Quisiera dar las gracias por su amabilidad y generosidad a todos aquellos que ayudaron directa o indirectamente en la publicación de este libro, en particular a Ellen Emmet, Chris Hebard, Ramesam Vemuri, Ed Kelly, Loren Eskenazi, Julian y Catherine Noyce, Iaian y Renate McNay, Tom Tarbert, Maurizio y Zaya Benazzo, Caroline Seymour, Cameron McColl, Ruth Middleton y Victoria Ritchie.

DE LOS SONETOS A ORFEO

Plátano suave, melón, melocotón,
manzana rolliza, agridulce grosella...
Observo, al saborear todo ello
desde los rasgos transparentes de un niño,
cómo habla de vida y muerte dentro de mi boca.

¡Viene de tan lejos todo esto!
¿Qué milagro acontece en tu boca?
En vez de palabras, son descubrimientos
lo que fluye de la pulpa madura,
que se asombran al verse libres.

¡Atrévete a decir lo que es en verdad una «manzana»!
Su dulzura se siente primero espesa, densa y oscura;
después, elevada exquisitamente por tu paladar,

se vuelve más clara, despierta y luminosa.
Adquiere un doble sentido y es solar, terrenal, real:
inagotable.
¡Qué placer, cuánto conocimiento!

RAINER MARIA RILKE[1]

1. Traducción de Francesc Prims a partir de la traducción de Stephen Mitchell.

PREFACIO

El violoncelista Pablo Casals exploró y practicó las *suites* para violoncelo de Bach durante treinta y cinco años antes de grabarlas. En muchos sentidos las consideraciones que ofrece este libro están en la misma línea: exploran un solo tema con una dedicación que es a la vez amable y de algún modo también incansable.

De hecho, incluso ahora tengo algunas reticencias a la hora de reflejar en un libro algo cuya naturaleza no se presta fácilmente a la palabra escrita. Preferiría expresarlo por medio de la música, la cual se disuelve tan pronto como surge, dejando su contenido como un perfume sin forma en el corazón del oyente.

Esta obra constituye una meditación sobre la naturaleza esencial de la experiencia. Nos lleva de viaje al corazón de esta. Es inevitable, por consiguiente, que contenga cierta cantidad de repeticiones. Para una mente que busque nuevas ideas, nuevos estímulos o distraerse, estas repeticiones podrán resultar en ocasiones frustrantes. Pero no lo serán para quienes busquen el núcleo de la experiencia. Al contrario; para dichas mentes estas meditaciones —o estos pensamientos, o estas contemplaciones— constituirán una oportunidad de profundizar cada vez más en la exploración de la experiencia, lo que dará lugar, con el tiempo, a una inmersión en su esencia.

A lo largo de esta exploración iremos destapando capas de sutilidad y significado cada vez más profundas, pero no nos detendremos mucho en cada formulación. Cada comprensión nueva disuelve la previa y es disuelta a su vez por la siguiente.

De hecho, la potencia de las palabras que intentan explorar y expresar la naturaleza de la experiencia reside en su cualidad evanescente, más que en su capacidad de formular algo que no puede ponerse de un modo preciso en palabras. Es con este espíritu como espero que leas este libro.

RUPERT SPIRA

INTRODUCCIÓN

Si realizásemos una encuesta entre los siete mil millones de habitantes del planeta y les preguntásemos qué es lo que más desean en la vida, casi todos responderían: «Ser feliz».[1] Algunas personas podrían no formularlo tan directamente y dirían, por ejemplo, que quieren una pareja, una familia o más dinero, pero todo esto es solamente deseado por la felicidad que produce. De hecho, la mayor parte de las actividades que llevamos a cabo las realizamos con la perspectiva de obtener felicidad.

En nuestra búsqueda de la felicidad empezamos explorando las posibilidades que se hallan disponibles en los ámbitos convencionales del cuerpo, la mente y el mundo. Desde una edad temprana descubrimos que la adquisición del objeto[2] de nuestro deseo parece producir la felicidad que anhelamos. Como resultado, queda establecido en nuestras vidas un

---

1. En este libro, *felicidad* es sinónimo de paz, amor, belleza y comprensión.
2. En este libro, *objetos* se refiere a cualquier cosa que es experimentada en el ámbito mental, emocional o físico; incluye todos los pensamientos, imágenes, sentimientos, sensaciones y percepciones.

hecho fundamental: la correlación entre la adquisición de objetos, actividades y relaciones y la experiencia de la felicidad. Sin embargo, después de un tiempo, y aunque puede ser que sigamos en posesión del objeto deseado —ya se trate de un objeto físico, una relación, una actividad o un estado mental—, la experiencia de felicidad que parecía producir se va desvaneciendo. Esto debería bastar para que nos diésemos cuenta de que la felicidad no es el resultado de la adquisición de objetos, relaciones o estados alterados. Si la felicidad guardara relación con los objetos, debería seguir mientras estos continuasen presentes.

En vez de asumir este mensaje tan sencillo, nos limitamos a descartar el objeto que una vez pareció darnos felicidad y buscamos otro en su lugar, con la esperanza de que nos devolverá la felicidad que de nuevo nos falta. De hecho, este patrón de perseguir un objeto tras otro constituye un intento de obtener la felicidad, la paz o el amor. Y es el patrón básico con el que la mayoría de las personas rigen sus vidas.

Tras el repetido fracaso de los objetos habituales de deseo a la hora de darnos felicidad, empezamos a explorar otras opciones. Entonces pueden ocurrir dos cosas: o bien nos sumergimos en los ámbitos convencionales del trabajo y el dinero, la comida y las sustancias, o el sexo y las relaciones —cada vez más, hasta llegar a la obsesión, lo cual acaba con un nivel u otro de adicción—, o bien retiramos nuestra atención del campo de las posibilidades convencionales y emprendemos una búsqueda espiritual.

La búsqueda espiritual se emprende normalmente después de que los ámbitos convencionales de la experiencia han fallado a la hora de conducirnos a obtener la felicidad, la paz y el amor. Ya no perseguimos la felicidad, de la cual parece que solo podemos percibir atisbos fugaces, sino que ahora buscamos un estado de iluminación permanente. No obstante, nuestra búsqueda de la iluminación no es más que una reorientación de la búsqueda convencional de la felicidad. Esta búsqueda nos lleva a nuevos ámbitos de experiencia. Ahora tendemos a centrarnos en la adquisición de estados mentales más que en la de objetos o relaciones mundanos. Y así como la obtención de un objeto o relación pone fin, temporalmente, a esa búsqueda convencional, dándonos una breve degustación de la felicidad, estos estados mentales recientemente adquiridos suponen el final temporal de la búsqueda espiritual. Nos proporcionan una vez más un atisbo de la misma felicidad, que ahora denominamos iluminación o despertar. Sin embargo, así como previamente habíamos confundido la adquisición de objetos y relaciones con la fuente de la felicidad, confundimos ahora estos nuevos estados mentales con la iluminación.

Ocurre que los breves atisbos de felicidad que tenemos ahora son pronto eclipsados, como sucedía con los atisbos de felicidad de antes, por los viejos patrones que nos llevan a buscar la felicidad, la paz y el amor en los objetos, las relaciones y los estados alterados. El resultado es que nos hallamos de nuevo confrontados con el fracaso de nuestra búsqueda, solo que esta vez no nos quedan más ámbitos en los que explorar. Como el hijo pródigo, nos hemos aventurado dentro de un país lejano persiguiendo la felicidad, y ahora ya hemos agotado todas las posibilidades que teníamos de hallarla.

Algunos experimentan este fracaso como un tiempo de crisis o desesperación. Ya no hay más direcciones en las que dirigirse, y aun así la búsqueda no ha llegado a buen puerto. Los medios habituales de llevar la búsqueda a su fin, o al menos de evitar la incomodidad que provoca —sustancias, actividades, relaciones o estados mentales más sutiles, meditativos—, pueden haberla entumecido temporalmente, pero aún está ardiendo en nuestros corazones. ¡No queda donde buscar, y aun así no podemos dejar de hacerlo!

Pero no todos tenemos que llegar a estos extremos. En algunos casos la inteligencia, y no la desesperación, es lo que precipita la comprensión de que aquello que realmente anhelamos no puede encontrarse en ningún estado del cuerpo, de la mente o del mundo. De hecho, es siempre nuestra propia inteligencia innata la que está operando. En el caso de algunas personas, adopta la forma de una crisis que golpea el núcleo de sus vidas; en el caso de otras, esta crisis puede ser menos acentuada.

Sea como sea, en cualquiera de los dos casos puede abrirse una nueva puerta, la única que aún no ha sido explorada. Se abre en el momento en que nos planteamos quién es este yo que se halla en una búsqueda casi constante de la felicidad y cuál es la naturaleza de esta felicidad. Este es el momento en que el hijo pródigo se da la vuelta para emprender el regreso. Este libro empieza en dicho momento. Ofrece una profunda exploración de la naturaleza de nuestro yo y de la felicidad que buscamos.

PRIMERA PARTE

NUESTRA VERDADERA NATURALEZA

¿QUIÉN O QUÉ SOY?

Todos sabemos que la mente, el cuerpo y el mundo son en realidad la experiencia que tenemos de ellos. Y la experiencia depende completamente de la presencia de nuestro yo, sea lo que sea dicho yo. Nadie ha podido experimentar nunca una mente, un cuerpo o el mundo sin que antes estuviera presente su propio yo.

Toda experiencia es conocida por nuestro yo, y por lo tanto el conocimiento que tenemos acerca de la mente, el cuerpo y el mundo está relacionado con el conocimiento que tenemos de nuestro yo; de hecho, depende de este conocimiento.

El poeta y pintor William Blake dijo: «Tal es el hombre, tal ve». Se refería a que la manera como una persona se ve o se entiende a sí misma condiciona profundamente las maneras como ve y comprende los objetos, el mundo y a los demás.

Así pues, empecemos con nuestro yo, puesto que todo depende de él. ¿Qué es lo que sabemos de nuestro propio yo a ciencia cierta?

Con el fin de averiguarlo, tenemos que estar dispuestos a dejar de lado todo lo que hemos aprendido sobre nuestro yo por medio de los demás y de nuestra cultura y a confiar en nuestra experiencia directa e íntima. Después de todo, la experiencia debe ser la prueba de la realidad.

Lo primero que sabemos con certeza es que «yo soy». Este sencillo conocimiento de nuestro propio yo –tan sencillo y evidente que a menudo se pasa por alto– resulta ser el conocimiento más valioso que cualquiera puede tener.

Puedo no saber *qué* soy, pero sí puedo saber *que* soy. Nadie puede negar legítimamente su propio yo, puesto que incluso para negarse a sí mismo uno tiene que estar antes presente.

Nadie afirma «yo soy» porque se lo hayan dicho sus padres o porque lo haya aprendido en un libro. Nuestro propio ser constituye para nosotros, en todos los casos, una experiencia directa, familiar e íntima. ¡Es *autoevidente* y se halla más allá de cualquier duda!

En otras palabras, ser o tener presencia es una cualidad inherente a nuestro yo. ¿Qué más podemos afirmar a ciencia cierta de nuestro yo?

Sea lo que sea nuestro yo en realidad, le damos el nombre de «yo». Con el fin de poder aseverar con certeza que «yo soy» –y esta aseveración es una de las muy pocas aserciones que podemos hacer legítimamente–, debo *saber* o *ser consciente* de que «yo soy». En otras palabras, la razón por la que estamos seguros de que somos es porque lo *sabemos* a través de la experiencia *directa*. No nos basamos en información de segunda mano ni procedente del pasado para confirmar que somos. Así pues, el hecho de que somos, o nuestra presencia, es algo obvio.

¿Qué es aquello que sabe que somos, que es consciente de ello? ¿Es el «yo» el que sabe que «yo soy», o «yo» soy conocido por alguien o algo ajeno a mí mismo? Obviamente, es el «yo» el que sabe que «yo soy». En otras palabras, el «yo» del «yo soy» es el mismísimo «yo» que *sabe* o *es consciente* de que «yo soy».

Así pues, la conciencia o el hecho de saber es una cualidad inherente a nuestro yo. Es nuestro yo el que sabe que está presente y que es consciente.

Nuestro yo no necesita *saber* nada en particular con el fin de saber que está presente y que es consciente. Se conoce a sí mismo por el solo hecho de ser él mismo, porque es consciente, o sabe, *por naturaleza*. Tampoco necesita *hacer* nada en particular, como pensar, para saber que está presente. El conocimiento del hecho de que *es* constituye su experiencia más simple y más obvia. Esta experiencia es previa a cualquier forma de pensamiento, sentimiento o percepción.

Si alguien nos preguntara: «¿Estás presente?», haríamos tal vez una pequeña pausa y responderíamos: «Sí». En esta pausa nos remitiríamos a la experiencia íntima y directa de nuestro yo, y en dicha experiencia encontraríamos la certeza de nuestra respuesta. Durante esta pausa no nos remitiríamos al pensamiento, al sentimiento o a la percepción, sino directamente a nuestro yo. El yo se remitiría a sí mismo.

En definitiva, nuestro yo sabe que está presente y que es consciente *por* sí mismo, y solo *por medio de* sí mismo. No necesita ningún elemento como podría ser una mente o un cuerpo, y no digamos ya una fuente externa, para confirmar su propia presencia consciente. Se conoce directamente a sí mismo.

Así pues, está claro, a partir de nuestra experiencia directa e íntima, que «yo» no solo estoy *presente*, sino que además soy *consciente*. Es por eso por lo que a veces nos referimos a nuestro yo como la conciencia, lo cual sencillamente denota la presencia de eso que es consciente. La palabra conciencia indica que el ser que íntimamente sabemos que nuestro yo es —que él mismo sabe que es— es inherentemente consciente y está inherentemente presente.

En este libro me refiero a nuestro yo también como *presencia consciente* o a veces sencillamente como *presencia*. A veces lo denomimo también *consciencia* o *ser*. Pero la manera más simple como es conocida esta presencia consciente es como *yo*.

Como quiera que decidamos llamarla, la intimidad de nuestro propio ser —la conciencia de la conciencia de sí mismo— es el conocimiento más evidente, familiar y directo que todos tenemos.

Antes de que sepamos nada más, lo primero que conocemos es la existencia de nuestro propio ser. Él se reconoce a sí mismo. Es decir, la presencia consciente que de manera íntima y directa sabemos que somos sabe que es consciente y que está presente. *Yo* es el nombre que le damos a este mero saber que nuestro ser está ahí.

De hecho, este reconocimiento de nuestro propio ser es tan simple y evidente y, sobre todo, tan aparentemente poco significativo que normalmente se pasa por alto. Este olvido de nuestro ser más íntimo, este pasarlo por alto, aunque parezca intrascendente, da lugar a casi todos nuestros pensamientos, sentimientos, actividades y relaciones, y se convierte en el origen de toda infelicidad.

Y ahora veamos esto: ¿qué es aquello que podría olvidar o soslayar este sencillo conocimiento de que nuestro ser existe, el reconocimiento consciente de sí mismo? Nuestro ser, por supuesto, no puede olvidarse de sí mismo o pasarse por alto a sí mismo, porque el reconocimiento de nuestro propio ser no es algo que *hacemos*; es lo que *somos*.

En verdad, es el pensamiento el que parece ocultar este simple reconocimiento de nuestro propio ser, el que hace que parezca que nuestro yo sea algo distinto de la presencia de la conciencia. Este pensamiento ocultador se justifica después por medio de las sensaciones, y la consecuencia es que queda velado, o se pierde, el conocimiento de nuestro yo tal como realmente es —el conocimiento de sí mismo tal como realmente es— y pasamos a creer y sentir que somos algo distinto de esta presencia consciente.

La historia de la humanidad, a escala individual y colectiva, es el drama de esta pérdida de nuestra verdadera identidad y la consiguiente búsqueda para recuperarla.

DEL «YO SOY MI CUERPO Y MI MENTE» AL «YO SOY QUIEN ES CONSCIENTE Y ESTÁ PRESENTE»

¿Qué otras cualidades posee nuestro yo, esta presencia consciente, además del hecho de ser y de ser consciente?

Que nuestro yo está presente y es consciente está más allá de toda duda. Pero normalmente añadimos muchos atributos a este simple conocimiento de nuestro propio ser. En este libro procedemos muy lentamente; nos referimos tan solo a nuestro conocimiento directo e íntimo de nuestro yo. Si tenemos que añadirle algún atributo, será porque lo habremos constatado por medio de la experiencia —es decir, por medio de la experiencia que tiene el yo de sí mismo—, no porque hayamos dado crédito a alguna creencia.

El primer atributo que normalmente añadimos a nuestro yo, al simple reconocimiento de nuestro propio ser, es la creencia de que *reside en*, *está hecho de* y *está confinado al* cuerpo y a la mente. Consideramos que nuestro yo mora dentro del cuerpo y de la mente y que todo lo demás está fuera.

Esta es la principal creencia responsable de la presunción fundamental que apuntala toda nuestra cultura: que la experiencia está dividida en dos partes, un sujeto separado e interior, que es el yo que conoce, siente o percibe, y aquello que está separado de dicho yo —objetos, personas, el mundo—, lo cual es lo conocido, sentido o percibido.

Esta creencia esencial de que «yo-presencia consciente» soy sinónimo del cuerpo y me hallo limitado por él, y por lo tanto comparto sus características, es la responsable del olvido de que nuestra verdadera identidad es la presencia consciente.

El reconocimiento de nuestro propio ser no se ve velado u olvidado como consecuencia de esta creencia, de la misma manera que una pantalla no pasa a estar oculta por la aparición de una imagen en ella. Pero parece estarlo. Así pues, nuestro ser en ningún caso desaparece; a pesar de ello, la ilusión de que sí lo hace es tan tremendamente poderosa que condiciona profundamente la forma en que pensamos, sentimos, actuamos y nos relacionamos.

Veamos ahora con mayor detalle el presunto hecho de que nuestro yo reside en el cuerpo y comparte sus características. Percibe primero algo que tenga lugar en el mundo aparentemente exterior; por ejemplo, el ruido del tráfico o la visión de edificios o del paisaje. Es nuestro yo, nuestra presencia consciente, el que experimenta lo que estamos viendo u oyendo. Creemos que el yo, esta presencia consciente que en apariencia vive dentro del cuerpo y está limitada por este, oye el ruido del tráfico o ve los edificios o el paisaje.

Evidentemente, yo no soy un ruido o una visión. Soy lo que quiera que sea que es *consciente* del ruido del tráfico o de la visión de los edificios o del paisaje. Estos ruidos y visiones van y vienen, pero yo, presencia consciente, permanezco. Por esta razón sé que no soy un coche, un edificio o el paisaje.

¿Y qué podemos decir con relación al cuerpo? ¿No somos también conscientes del cuerpo de una manera similar a como somos conscientes de los sonidos y las visiones?

Por ejemplo, si tenemos un dolor de cabeza, somos conscientes de él como una sensación que aparece y desaparece, de la misma manera que somos conscientes del ruido del tráfico, que aparece y desaparece. Por esta razón sabemos que un dolor de cabeza no forma parte esencial de nuestro yo. Nuestra experiencia de nuestro yo —la experiencia consciente que tiene el yo de sí mismo— es lo que está siempre presente. Por lo tanto, sea lo que sea lo que seamos en esencia, debe estar también siempre presente.

Es por el hecho de que el dolor de cabeza aparece y desaparece, por contraste con nuestro yo —independientemente de que permanece una vez que aquel se ha ido— por lo que que sabemos que el dolor de cabeza no forma parte esencial de nuestro yo. No es lo que *soy*. Aunque tal vez no lo hayamos expresado nunca así, debido a que el dolor de cabeza aparece y desaparece comprendemos que no forma parte esencial de nuestro ser.

Si ahora dirigimos nuestra atención al cosquilleo o al hormigueo que sentimos en la cara, las manos o los pies, descubrimos que somos conscientes de estas sensaciones de la misma manera —con la misma característica perceptual— que somos conscientes del tráfico, los edificios, el paisaje o el dolor de cabeza. Y así como los sonidos y las visiones aparecen y desaparecen, ocurre lo mismo con las sensaciones del cuerpo: una vez que se han ido, nuestro yo, nuestra presencia consciente, permanece.

Es decir, el cuerpo —en este caso, la cara, las manos o los pies— es objeto de nuestra atención, como lo son los sonidos y las visiones del mundo, y el yo, o presencia consciente, es su sujeto o conocedor.

Es así como llegamos a un descubrimiento nada sofisticado, pero revolucionario: no soy «yo-el cuerpo» el que soy el sujeto o conocedor de la experiencia, sino que soy «yo-presencia consciente» el que soy el sujeto o conocedor de la experiencia, mientras que los objetos del cuerpo, al igual que ocurre con los objetos del mundo, son *conocidos* o *experimentados*. En otras palabras, somos conscientes de las sensaciones del cuerpo de la misma manera que somos conscientes de las percepciones del mundo.

Podemos objetar que un dolor de cabeza no está siempre presente y que por lo tanto no es inherente a nuestro yo, mientras que el cuerpo *está* siempre presente y podemos considerar legítimamente, por lo tanto, que es nuestro yo. Sin embargo, si acudimos a cualquier sensación o percepción del cuerpo, descubrimos que no están siempre presentes.

Si miramos de cerca la *experiencia* real que tenemos del cuerpo en vez de mirar la *idea* que tenemos de él, averiguamos que la única experiencia que tenemos de él es nuestra sensación o percepción actual de él. Todas las sensaciones y percepciones aparecen y desaparecen, pero nuestro yo-presencia consciente permanece, antes, durante y después de ellas. Así pues, este yo siempre presente no puede estar constituido por un objeto intermitente como es una sensación o una percepción.

Y ¿qué podemos decir de nuestra mente, la cual consideramos, la mayoría de nosotros, que es idéntica a nuestro yo? La mente consiste en pensamientos e imágenes. De hecho, nadie ha experimentado nunca la mente como tal, esto es, como un contenedor permanente de todos los pensamientos, imágenes, recuerdos, miedos, esperanzas, deseos, etcétera. La idea de que existe un contenedor de todo ello no es más que esto: una idea. Así pues, no conocemos la mente como tal. Todo lo que sabemos de la presunta mente es el pensamiento que estamos teniendo o la imagen que estamos viendo.

Toma cualquier pensamiento, del tipo: «¿Qué vamos a cenar esta noche?». Este pensamiento se manifiesta como un objeto sutil, similar a una percepción del mundo o a una sensación corporal. Así pues, no soy «yo-la mente» el sujeto o el conocedor de mi experiencia, sino que soy «yo-presencia consciente» el sujeto o conocedor de los objetos del mundo, del cuerpo y de la mente.

Pregúntate si, en lo que estás experimentando ahora, el cuerpo es el sujeto o conocedor de la experiencia. ¿Puede una cara, una mano o un pie conocer o experimentar algo? ¿Puede una cara, una mano o un pie oír, saborear, oler o, por ejemplo, ver estas palabras? ¿O bien son la cara, las manos y los pies conocidos o experimentados como cualquier otra cosa?

Y ¿qué podemos decir de un pensamiento o una imagen? ¿Puede un pensamiento o una imagen conocer o experimentar algo? ¿Puede un pensamiento ver o una imagen oír? ¿Puede un pensamiento ver o comprender estas palabras, o bien ocurre que los pensamientos son vistos y comprendidos por nuestro yo?

Si permanecemos cerca de la experiencia y usamos solamente nuestra experiencia real como prueba de la verdad o la realidad, veremos que el cuerpo y la mente no *conocen* o *experimentan*, sino que son *conocidos* o *experimentados*.

Date cuenta claramente de que no soy «yo-el cuerpo y la mente» el que soy consciente del mundo, sino de que soy «yo-presencia consciente» el que soy consciente del cuerpo, la mente y el mundo.

Este descubrimiento de que nuestro yo no es esencialmente un cuerpo o una mente sino que es, de hecho, el ser consciente o la presencia que los conoce o atestigua tiene implicaciones radicales y profundas.

El primer paso dentro de esta consideración es descubrir que nosotros somos esta presencia consciente y ver que es esta presencia la que conoce o atestigua la mente, el cuerpo y el mundo.

El segundo paso es *ser* esto, deliberadamente, en vez de imaginarnos que somos alguna otra cosa, es decir un cuerpo o una mente.

No *nos convertimos* en esta presencia atestiguadora como resultado de esta exploración, sino que nos damos cuenta de que somos *siempre solo* esto, y ahora permanecemos ahí *deliberadamente.* Antes tomábamos nuestro cuerpo y nuestra mente por nuestro yo, y todas nuestras experiencias estaban condicionadas por esta creencia y parecían estar en consonancia con ella. Ahora reclamamos lo que siempre fue nuestro. Permanecemos deliberadamente como la atestiguadora presencia que siempre somos pero que sin embargo a veces está velada u olvidada, o bien pasa inadvertida.

Cuando somos testigos de nuestro cuerpo y de nuestra mente de esta manera, permanecemos, aunque tal vez al principio no nos demos cuenta, como la presencia consciente ante la que dicho cuerpo y mente se muestran.

En los siguientes capítulos vamos a posicionarnos como esta presencia consciente que atestigua y a explorar nuestra experiencia de nuestro yo como tal. Así pues, indagaremos en el conocimiento que tiene la conciencia de sí misma desde su experiencia directa e íntima.

Aunque formularemos los resultados de esta exploración con la mente, es importante que la experiencia no se base en el pensamiento, en las *ideas* que podamos tener acerca de nuestro yo, sino en la experiencia real que tengamos de nuestro yo, en el sencillo conocimiento de nuestro propio ser tal como es según su propia experiencia de sí mismo.

NUESTRO YO NO TIENE UBICACIÓN NI LÍMITES

Una mente que está acostumbrada desde hace tantos años a conocer únicamente objetos —es decir, a centrar su atención y sus intereses solo en el cuerpo, la mente y el mundo— es inevitable que quiera observar el yo como si de un objeto más se tratara, un objeto sutil. Es decir, buscará esta presencia consciente e intentará convertirla en objeto de conocimiento o experiencia. Sin embargo, si regresamos una y otra vez a la comprensión experiencial de que nuestro yo es el conocedor o testigo de todos los objetos, está claro que no puede ser, él mismo, un objeto.

Nuestra experiencia nos indica que nuestro yo está presente y es consciente, pero que no tiene cualidades objetivas. A medida que esta comprensión experiencial se hace más profunda, el intento de buscar nuestro yo como si de un objeto se tratara disminuye paralelamente.

El hecho de que no seamos capaces de conocer nuestro yo como objeto no significa que no pueda ser conocido. Solamente significa que no puede ser conocido de la misma manera que conocemos normalmente los objetos, esto es, a través de la relación sujeto-objeto.

Nuestro verdadero yo es conocido de un modo más íntimo y más directo: por medio de, sencillamente, ser. De hecho, descubrimos que la única manera de *conocer* nuestro yo es *ser* nuestro yo y no confundirlo con ninguna clase de objeto. Si alguien nos pidiera que dirigiéramos nuestra atención hacia una sensación corporal, un pensamiento o imagen mental o un objeto del mundo, no tendríamos ninguna dificultad en hacerlo, de la misma manera que tampoco tenemos ninguna dificultad a la hora de dirigir nuestra atención a estas palabras.

Pero ¿qué ocurriría si alguien nos pidiera que dirigiéramos nuestra atención hacia nuestro *yo*, hacia la presencia consciente que *conoce* los objetos del cuerpo, de la mente y del mundo? Intenta hacerlo. Por ejemplo, trata de dirigir tu atención hacia lo que sea que está viendo estas palabras. Algunos podemos inclinarnos a dirigir la atención hacia alguna sensación que percibamos en la zona de los ojos o de la cabeza, pero date cuenta de que los ojos y la cabeza son, ellos mismos, sensaciones de las que somos conscientes.

Intenta de nuevo dirigir tu atención hacia lo que sea que es *consciente* de estas sensaciones y que no es, ello mismo, una sensación. ¿Adónde nos dirigimos? Date cuenta de que donde sea que pongamos la atención será siempre algún tipo de objeto, más o menos sutil.

Si retiramos nuestra atención de este objeto e intentamos volcarla hacia lo que sea que *conoce* o *experimenta* dicho objeto, nuestro intento resulta siempre fallido. Cualquier dirección en la que vamos resulta ser equivocada. Es como estar de pie y querer dar un paso hacia el propio cuerpo; ¡cualquier paso que demos nos llevará en la dirección equivocada! Y, a la vez, ningún paso nos aleja.

En algún punto puede producirse un colapso espontáneo en el intento de encontrarse uno a sí mismo como objeto del cuerpo o de la mente. En este colapso, la mente indagadora se detiene brevemente, y en este momento —que es, de hecho, un momento intemporal— nuestro yo se vislumbra o se degusta a sí mismo tal cual es, pura presencia consciente, no condicionada por ninguna de las creencias o sensaciones que el pensamiento le superpone.

Aunque esta experiencia es una experiencia transparente o no objetiva que no se presenta en la forma de pensamiento, imagen, sensación o percepción, cuando la mente y el cuerpo reaparezcan, parecerá a menudo que se ven imbuidos por una nueva clase de conocimiento que es familiar e íntimo a la vez que procede de un lugar desconocido.

La mente y el cuerpo se ven transformados, aunque solo temporalmente, por esta experiencia transparente, y pueden sentirse desconcertados, e incluso ocasionalmente asustados, por ella. Sin embargo, debido al hecho de que la mente no está presente durante esta experiencia transparente e intemporal, dicha experiencia no puede ser recordada. Ahí no hay nada objetivo por recordar.

En consecuencia, en la mayoría de las ocasiones la mente descartará esta experiencia transparente como insignificante o incluso como inexistente, y volverá a su ocupación habitual: centrarse en los objetos de una manera u otra.

De cualquier modo, esta disolución en nuestra verdadera naturaleza nos deja una huella que nunca puede olvidarse completamente. A menudo permanece durante décadas como una especie de nostalgia o anhelo de algo que una vez existió en nuestro pasado, con frecuencia en la infancia; el anhelo de este algo se vuelve más profundo cuando experimentamos ciertos momentos de silencio o cuando el flujo normal de nuestra vida se ve interrumpido.

De hecho, esa experiencia no tuvo lugar en nuestro *pasado*. Está presente en nuestro *yo*. *Es* nuestro yo y está presente y disponible ahora igual que lo estuvo entonces, en ese primer y breve momento de comprensión.

Si meditamos en esta experiencia nueva pero a la vez extrañamente familiar y seguimos regresando a ella, llegamos a la extraordinaria y profunda comprensión de que no podemos encontrar nuestro yo —el yo no puede encontrarse a sí mismo— como un objeto localizado en el espacio.

Descubrimos que somos *conscientes* de todos los objetos y lugares pero que nuestro yo no es un objeto ni tiene ninguna experiencia de encontrarse ubicado en ningún lugar específico.

En otras palabras, si permanecemos cerca del conocimiento simple y directo de nuestro ser —su reconocimiento de sí mismo—, descubrimos que no tenemos ningún conocimiento de nuestro yo ubicado en ningún sitio. Primero aparece un pensamiento que identifica nuestro yo-presencia consciente con el cuerpo; seguidamente imaginamos que estamos ubicados dentro del cuerpo. Estos pensamientos están superpuestos a nuestra verdadera naturaleza, a nuestra presencia consciente, pero nunca permiten ubicarla.

Al identificar mi yo con el cuerpo, el pensamiento supone que yo, en calidad de presencia consciente, comparto las cualidades y por lo tanto los límites que atañen al cuerpo. Pero ¿podemos encontrar algún límite en nuestro yo, en nuestra presencia consciente? La mente puede imaginar límites, pero ¿experimentamos alguno en realidad? Es nuestro yo-presencia consciente el que conoce o experimenta todo lo que es conocido o experimentado. Así pues, la pregunta podría reformularse de esta manera: ¿tiene nuestro yo-presencia consciente alguna experiencia de *sí mismo* como limitado?

Para empezar, los límites imaginarios que la mente superpone a nuestro yo pueden parecer tan obviamente verdaderos que parecen eclipsar nuestra experiencia real. Sin embargo, si dejamos estas creencias a un lado y examinamos de veras si podemos experimentar o no, realmente, algún límite en relación con nuestro yo, con nuestra presencia consciente, nos damos cuenta de que es imposible. No podemos encontrar ningún límite.

Cualquier límite sugerido por la mente resulta ser algún tipo de objeto. La mente considera que nuestro yo es un cuerpo y, tras haber hecho esta suposición inicial, da por sentado que dicho yo tiene una forma, una edad, una historia, un futuro, un peso, un color, una nacionalidad, un género y un tamaño.

Sin embargo, todas estas características son cualidades del cuerpo, no de nuestro yo. Son conocidas *por* nuestro yo pero no pertenecen *a* nuestro yo. No limitan a nuestro yo más de lo que una imagen limita la pantalla en la que aparece.

Si regresamos una y otra vez a nuestro yo de esta manera, buscando siempre cualquier cualidad que lo limite, pasamos a tener claro que nuestro yo nunca ha experimentado ningún límite en sí mismo. De hecho, la presencia consciente siempre se experimenta a sí misma como carente de límites, pero esta experiencia se ve normalmente eclipsada por las creencias que la mente le superpone.

Nos hemos acostumbrado tanto a pensar y, lo más importante, a sentir que nuestro propio ser comparte los límites del cuerpo que lo damos por supuesto. Por consiguiente, la mayor parte de nuestros pensamientos, sentimientos, sensaciones, actividades y relaciones, si no todos ellos, expresan este supuesto fundamental.

La comprensión de esto —como cualquier otra comprensión que tiene lugar acerca de cualquier cosa— es siempre repentina. De hecho, esta comprensión se ubica fuera del tiempo, porque la mente no forma parte de la experiencia que tiene el yo de sí mismo y, sin la mente, el tiempo no existe. De cualquier modo, no es una comprensión que acuda siempre de un modo inmediato. Tal vez sea necesario un período de exploración contemplativa y sensible de nuestra experiencia antes de que dicha comprensión tenga lugar.

El descubrimiento de la naturaleza ilimitada de nuestro yo puede tener efectos espectaculares e inmediatos en nuestras vidas: la mente puede llegar a encontrarse tan confundida que sus propios sistemas de creencias ya no le parezcan convincentes, si bien todavía no han sido sustituidos por una nueva interpretación de la experiencia. También puede ocurrir que esta comprensión experiencial pase temporalmente desapercibida, en cuyo caso la mente se acostumbrará de forma gradual a la recién descubierta experiencia de nuestro yo.

De cualquier modo, si exploramos esta comprensión experiencial y si permitimos que sus implicaciones permeen nuestras vidas, resultará ser el mayor descubrimiento que uno pueda llevar nunca a cabo y la clave para resolver el dilema que existe en el núcleo de la vida de casi todo el mundo: la búsqueda casi constante de la paz, la felicidad y el amor.

EL OLVIDO DE NUESTRO SER ESENCIAL

Al haber pasado por alto el sencillo reconocimiento de nuestro propio ser tal como es y haber imaginado, en cambio, que se halla ubicado dentro del cuerpo y la mente, y que incluso es el cuerpo y la mente, hemos acabado por creer que nuestro yo-presencia consciente comparte las cualidades de los pensamientos, los sentimientos, las imágenes y las sensaciones.

Hemos olvidado que somos aquel que es *consciente* de los pensamientos, las imágenes y las sensaciones, y creemos y, más importante aún, sentimos que en realidad *somos* estos pensamientos, sentimientos, imágenes y sensaciones.

Si aparece un sentimiento de tristeza, noto que *yo* estoy triste. Si miro mi cara al espejo y veo que está envejecida, pienso que *yo* estoy envejeciendo. Si un pensamiento me dice que tengo cuarenta años de edad creo que *yo* tengo cuarenta años. Si surge un pensamiento agitado, siento que *yo* estoy agitado. Si se manifiesta una sensación de hambre, veo que *yo* estoy hambriento. Si saco malas notas en la escuela, *yo* he fallado. En cambio, si saco buenas notas, *yo* he tenido éxito. Si no tengo amigos alrededor, siento que *yo* estoy solo. Si el cuerpo se halla enfermo o si se está muriendo siento que *yo* estoy enfermo o que me estoy muriendo. Si experimento resistencia ante mi situación actual y un deseo de cambiarla por otra mejor, siento que *yo* soy infeliz. Y podríamos seguir así indefinidamente.

Huelga decir que nuestra comprensión de nuestro yo está profundamente condicionada por nuestras creencias y sentimientos. Hemos investido a nuestro ser con las cualidades limitadas del cuerpo y la mente. Así como la pantalla parece ser tomada por las cualidades de la película que se muestra en ella, de la misma manera nuestro ser esencial parece ser tomado por las cualidades del cuerpo y la mente.

Por ejemplo, la pantalla aparenta volverse azul cuando asoma el cielo en la película, pero el color azul no pasa a ser en ningún caso una cualidad esencial de la pantalla. Tan solo parece colorearla temporalmente. Pues bien, nuestro ser ha sido coloreado por las cualidades de la mente y del cuerpo del mismo modo, hasta el punto de que parece haberse *convertido* en estas cualidades. De hecho, la pantalla no tiene color, y es precisamente su ausencia de color lo que le permite asumir todos los colores sin convertirse en ninguno de ellos. De la misma manera, nuestro ser esencial carece de objetos y es transparente, abierto, vacío. Es presencia consciente. No tiene cualidades objetivas que pertenezcan al cuerpo o a la mente, y es precisamente a causa de esto por lo que somos capaces de experimentar un completo abanico de pensamientos, sentimientos y percepciones sin convertirnos por ello en ningún pensamiento, sentimiento o percepción.

Todos los pensamientos, sentimientos y percepciones brillan fundamentalmente con la luz de nuestra naturaleza esencial, por la cual son iluminados o conocidos, con independencia de sus características particulares, de la misma manera que todas las imágenes brillan con la luz de la pantalla. Cuando empieza la película, nos olvidamos de la pantalla y solamente prestamos atención a la película. De hecho, la pantalla *parece* convertirse en las imágenes. Y esto es lo que le ocurre a nuestro ser esencial. Parece haber sido tomado por pensamientos, sentimientos e imágenes, hasta el punto de ser indistinguible de todo ello.

Esta inadvertida mezcla de nuestro yo con toda la colección de pensamientos, sentimientos, imágenes y sensaciones ha arraigado en nosotros hasta tal punto, y está tan alentada por nuestra cultura y nuestra educación, que es normal que pensemos en nuestro yo y, más importante aún, que lo sintamos como constituido por una especie de *collage* de estos pensamientos, sentimientos, imágenes y sensaciones.

Hemos olvidado nuestra identidad esencial, que es pura conciencia, y hemos permitido que aparezca mezclada con las características y cualidades que definen el cuerpo y la mente. La mayor parte de las personas viven de un modo casi constante en este estado de amnesia y sus vidas son un reflejo de este olvido.

¿Quién es el que ha olvidado esto? Nuestro yo es siempre solamente él mismo, anterior a cualquier pensamiento que pueda estar o no presente, e independiente de dichos pensamientos. La conciencia no es una cualidad que nuestro yo encienda y apague. La conciencia es su naturaleza. Nuestro yo está siempre presente y es siempre consciente, y, por lo tanto, y por definición, es siempre consciente de sí mismo.

Esta autoconciencia, o el reconocimiento consciente de sí mismo, puede verse eclipsada por la aparición de un pensamiento o sentimiento, pero no hay ningún pensamiento o sentimiento que pueda extinguirla, de la misma manera que la pantalla no resulta nunca verdaderamente ocultada por la aparición de las imágenes, aunque parezca estarlo.

El yo en el que parece que nos hemos convertido como consecuencia del olvido o la ocultación de nuestro ser esencial es un yo imaginario. Es de hecho un pensamiento, no una entidad o un yo, el que ha dado lugar a esta asociación exclusiva de nuestro yo con un objeto del cuerpo y de la mente.

Este pensamiento identifica las características del cuerpo y de la mente con nuestro ser esencial y las combina hasta dar lugar a una entidad o yo separado, independiente, que mora en el cuerpo. Este pensamiento toma, por una parte, la conciencia que es nuestro ser esencial y, por otra parte, las cualidades limitadas del cuerpo y de la mente, lo mezcla y produce, como resultado, un yo imaginario, limitado y separado que vive dentro del cuerpo y de la mente.

Ambas, la conciencia (nuestro yo) y las limitadas cualidades del cuerpo y la mente, parecen convertirse en una entidad, en un yo. Sin embargo, este yo aparentemente separado y confinado a nuestro interior está constituido solo por el pensamiento que lo piensa.

Es como mezclar aceite y vinagre y obtener una única sustancia, un aderezo para ensaladas. Pero cuando este aderezo se deja en reposo, el aceite y el vinagre se separan. Entonces nos damos cuenta de que solo *parecían* constituir una sustancia homogénea.

La exploración de nuestra experiencia que estamos abordando aquí constituye la sedimentación de estas dos cualidades: las cualidades que son innatas a nuestro ser esencial y las que pertenecen propiamente a las manifestaciones aparentes del cuerpo y de la mente.

Una vez que hemos concebido este «yo interior separado», cualquier pensamiento ulterior lo inviste con numerosos atributos más, que transforman lo que es, de hecho, solamente un pensamiento frágil y efímero en lo que parece ser una entidad densa y compleja.

Este olvido de la verdadera naturaleza de nuestro yo esencial no es nunca una experiencia de nuestro yo real. Es siempre y únicamente un pensamiento. Dicho de otro modo: nuestro yo —el verdadero y único yo que existe— nunca se olvida de sí mismo, desde su propio punto de vista, que es el único punto de vista real que existe.

El olvido de nuestra naturaleza esencial atañe siempre al pensamiento, nunca a nuestro yo. Es por esta razón por lo que todos los pensamientos y sentimientos subsiguientes que dependen del primer pensamiento que afirma un «yo interior separado» tienen relación solamente con el yo interior separado que el pensamiento imagina que es lo que somos nosotros; nunca atañen a nuestro yo real.

Después veremos que todo sufrimiento psicológico nace de este pensamiento del «yo interior separado». Por lo tanto, todo sufrimiento atañe al yo imaginario, nunca al verdadero y único yo que siempre somos. En realidad, nuestro verdadero yo nunca está triste, ni tiene cierta edad, ni se halla agitado, ni tiene hambre, ni está solo o enfermo, ni se está muriendo, etcétera. Incluso en presencia de estos sentimientos, creencias y sensaciones, nuestro yo se encuentra totalmente libre de ellos. Está presente como el conocedor o experimentador de estas cualidades, pero no está hecho de ellas.

Al mismo tiempo, siempre que estos pensamientos, sentimientos, etcétera, aparecen, son íntimamente uno con nuestro yo, así como la imagen que se muestra en una pantalla es íntimamente una con la pantalla. De esta manera, nuestro yo es el conocedor de todos estos pensamientos, sentimientos, etcétera —de ahí nuestra independencia y libertad inherentes—, y, a la vez, es íntimamente uno con ellos. Esta intimidad de la experiencia es el amor. Es por esta razón por lo que toda verdadera intimidad o todo verdadero amor están siempre unidos con la libertad.

De hecho, nuestro ser esencial no se ve nunca auténticamente ocultado por estos pensamientos, sentimientos, etcétera, de la misma manera que la pantalla del televisor nunca se ve realmente tapada por las imágenes. Por lo tanto, se trata más de reconocer la verdadera naturaleza de nuestro ser que de encontrarlo.

La combinación de nuestro ser esencial con las manifestaciones aparentes del cuerpo o de la mente es el acontecimiento que dicta la mayor parte de los pensamientos, sentimientos, actividades y relaciones de esta entidad aparente.

De todos modos, no es un evento que tuviese lugar hace mucho tiempo y que ahora se halle grabado en piedra: es reconfirmado momento a momento y puede soltarse en cualquier instante por medio del solo reconocimiento de quién somos realmente.

NUESTRO SER NO NACE NI MUERE

Si permanecemos junto a la experiencia que tiene nuestro ser de sí mismo, sin remitirnos al pensamiento, descubrimos que no tiene conocimiento de haber nacido, evolucionado, envejecido o muerto.

Solamente un objeto, por ejemplo un cuerpo o una mente, podría aparecer y desaparecer o estar sujeto a nacimiento, crecimiento, evolución, deterioro y muerte. Nuestro yo-presencia consciente conoce estos cambios pero no está, él mismo, sujeto a ellos. Es solo el pensamiento, que ha asociado nuestro ser esencial con estos cambios y manifestaciones aparentes, el que ha hecho surgir la creencia y la sensación de que nosotros compartimos estas cualidades.

Estas creencias y sensaciones están tan profundamente arraigadas y parecen haberse convertido en una parte tan integral de nuestro ser que apenas somos conscientes de que son, de hecho, simples creencias y sensaciones, y las tomamos por la verdad absoluta e incuestionable sobre nuestro yo.

Acto seguido, estas creencias y sensaciones se convierten en la base sobre la que se construyen todos nuestros pensamientos, sensaciones y sentimientos subsiguientes, así como la mayor parte de nuestras actividades y relaciones.

Pero date cuenta ante todo de que *tú* eres consciente del pensamiento que estás teniendo, de la sensación que estás experimentando, de estas palabras, de tus percepciones del mundo, etcétera. Y este *tú* ¿no es el mismo que ayer fue consciente de los pensamientos y sentimientos de ayer? Y ¿no es el mismo *tú* que el año pasado fue consciente de los pensamientos, sentimientos, sensaciones y percepciones que tuviste ese año? ¿O el mismo *tú* que fue consciente de ello diez, veinte o treinta años atrás? ¿No es el mismo *tú* que fue consciente de la mismísima primera sensación o percepción que tuviste, incluso cuando te hallabas tal vez todavía dentro del útero?

Todo eso ¿fue experimentado por otra persona o bien fue experimentado por *ti*, por el mismísimo *tú* que está viendo estas palabras? Y ¿eres ahora el mismo tú que eras entonces o eres un tú diferente? Y en caso de que fuese otro tú el que experimentó todo eso, ¿cómo puede ser que el tú actual sepa o recuerde estas cosas ahora?

Cuando nos referimos a «mi primera escuela», ese «mi» es el mismísimo «mí», el mismísimo yo al que pertenece nuestro pensamiento actual.

Los pensamientos, los sentimientos, las sensaciones, las imágenes, los recuerdos y las percepciones cambian, pero el yo que los conoce o experimenta no lo hace. ¿Ha sufrido nuestro yo alguna vez algún cambio en sí mismo? Y ¿quién podría registrar una transformación de estas características, sino nuestro yo inmutable?

Si pensamos que nuestro yo cambia, que en un momento dado tiene cinco años de edad y en otro veinticinco, eso significa que el mismo yo debió de estar presente en ambos casos, para ser testigo tanto de los cinco años como de los veinticinco. Así pues, con el fin de reivindicar legítimamente la experiencia del cambio, primero debemos permanecer como el conocedor invariable de este cambio.

Tú eres el que registra los cambios del cuerpo, la mente y el mundo, pero nunca registras un cambio en tu yo. Tú estás siempre presente y no eres ningún objeto, sino que eres una presencia consciente que imbuye íntimamente todo acto de conocer o experimentar. De hecho, eres puro conocimiento o conciencia, y aunque los cambios pueden ser registrados *por* ti, tú, la luz conocedora que es la que reconoce estos cambios, siempre permanece igual, de la misma manera que la pantalla es siempre la misma pantalla y nunca experimenta ninguno de los cambios que afectan a las imágenes que aparecen en ella.

En realidad, nuestro yo no está hecho de puro conocimiento o de conciencia, como el pan está hecho de harina. Nuestro yo sencillamente *es* esto. Pero ¿qué significa «nuestro» en la expresión «*nuestro* yo»? No significa que el yo pertenezca a un cuerpo o a una mente. El yo pertenece a sí mismo. Es impersonal. El cuerpo y la mente le pertenecen, pero él no pertenece a nada ni a nadie.

En otras palabras, él es *el* yo, no *nuestro* yo. El yo de la presencia consciente es íntimo pero impersonal.

El nacimiento consiste en una serie de sensaciones y percepciones experimentadas por *ti*. Este *tú* no es una sensación o una percepción; conoce todas las sensaciones o percepciones. El *tú* que experimentó esas primeras sensaciones y percepciones es el mismo *tú* que experimentó los cinco y los veinticinco años y es el mismísimo *tú* que es consciente de estas palabras.

Si tu yo-presencia consciente no hubiera estado presente en el nacimiento de tu cuerpo, no podrías afirmar que este nació. El yo que experimentó el nacimiento del cuerpo no nació con él. Ya estaba presente cuando el cuerpo hizo acto de presencia. Es gracias a esto por lo que puedes decir que tu cuerpo apareció.

Es solo por el hecho de que el pensamiento imagina que nuestro yo, nuestra presencia consciente, *es* el cuerpo por lo que pensamos, y en consecuencia sentimos, que nosotros nacimos cuando el cuerpo nació.

Por la misma razón, creemos que moriremos cuando muera el cuerpo. Esta creencia es la responsable del miedo a la desaparición que reside en el centro del yo interior y separado que el pensamiento se imagina que nosotros somos. Es la primera emoción que aparece como resultado de la asociación que el pensamiento hace del yo con el cuerpo y es la emoción dominante que rige, más o menos conscientemente, la vida de esa entidad imaginaria separada que tomamos por nuestro yo.

¿Es nuestra experiencia que nuestro yo esencial nació cuando nació el cuerpo? ¿Acaso no fuimos conscientes de las sensaciones y percepciones que acompañaron a este nacimiento? ¿Acaso no tuvimos incluso la experiencia de nuestro yo esencial, de nuestra presencia consciente, cuando estábamos todavía en el útero de nuestra madre? ¿Acaso no fuimos conscientes de todas las sensaciones del bebé que estaba por nacer cuando se hallaba todavía en el útero?

¿Estamos nosotros, presencias conscientes, sentados en una habitación ahora, o se trata de sensaciones y percepciones que aparecen ante nuestro yo? Y este yo ¿no es el mismo que fue consciente de la aparición del cuerpo, que es consciente de su desaparición en el sueño cada noche y que será consciente de su desaparición final en el momento de la muerte; el mismo yo que es consciente, en este momento, de estas palabras?

¿Hemos cambiado y envejecido mientras el cuerpo cambia y envejece? ¿Acaso no fue nuestro yo, este mismo yo que está presente ahora, el que fue consciente del bebé, del niño, del adolescente y del adulto en todas sus formas y a través de todos sus cambios?

Cuando el cuerpo y la mente desaparecen durante el sueño, ¿desaparece nuestro yo? ¿Quién está presente para ser testigo de esta desaparición? Sea quien sea o lo que sea, debe estar presente y ser consciente. Nuestro yo no tiene la experiencia de su propia desaparición. En cualquier caso, ¿quién estaría ahí presente para atestiguar y reivindicar esta desaparición? ¡Solo podría ser nuestro yo!

Y si afirmamos que nuestro yo muere cuando muere el cuerpo, ¿quién tiene la experiencia de esta muerte? ¿No es tan solo nuestro yo el que podría reivindicar ser el testigo de ella? Si la muerte de nuestro yo fuese una experiencia real y no una simple creencia, *nosotros* deberíamos estar ahí para conocerla y permanecer después para reivindicar que tuvo lugar.

En otras palabras, la experiencia de la muerte demuestra que *nosotros* no morimos, de la misma manera que la experiencia del cambio establece que nuestro yo es su conocedor inmutable. Y si no tiene lugar la *experiencia* de la muerte de nuestro ser esencial, ¿por qué aventurar que la muerte tiene lugar de algún modo?

Date cuenta claramente de que no tenemos la experiencia de que nuestro yo haya nacido, cambiado, evolucionado, crecido o envejecido, y de que nunca podemos tener la experiencia de la muerte.

Nosotros, como presencia consciente, tampoco hemos estado nunca tristes, enfadados, ansiosos, deprimidos, necesitados, agitados, celosos, etcétera. A la vez, somos íntimamente uno con todos estos sentimientos cuando están presentes. Pero aunque seamos la sustancia de todos estos sentimientos, de la misma manera que la pantalla es la sustancia de todas las imágenes, estamos inherentemente libres de ellos. La infelicidad está hecha de nuestro yo, pero nuestro yo jamás es infeliz.

La creencia de que nacemos, cambiamos, evolucionamos, envejecemos y morimos no es más que una creencia que la mayor parte de la humanidad suscribe sin darse cuenta de que lo está haciendo. Es la religión de nuestra cultura.

Normalmente pensamos que nacer, cambiar, evolucionar, envejecer y morir son experiencias nuestras, y que la consideración de que nuestro yo no nace ni muere es algún tipo de experiencia extraordinaria, que requiere normalmente que profesemos alguna creencia religiosa. Sin embargo, lo cierto es lo contrario: no tenemos ningún conocimiento o experiencia del nacimiento, el cambio, la evolución o la muerte de nuestro yo esencial. A pesar de eso suscribimos algo que, de hecho, no es más que una creencia, la creencia en nuestra propia mortalidad.

Por supuesto, el cuerpo y la mente aparecen y desaparecen. Nacen y mueren como tales. Es solo por el hecho de que nuestro pensamiento, de forma inadvertida, concibe exclusivamente que nuestro yo esencial debe ser identificado con el cuerpo y la mente —y, por tanto, con los pensamientos, sentimientos, imágenes, recuerdos, sensaciones y percepciones que tengamos— por lo que pensamos y, lo más importante, *sentimos* que cuando *ellos* se vayan *yo* me iré.

Esta creencia en nuestra propia mortalidad es la presunción fundamental sobre la que se basan la mayor parte de las otras creencias y sentimientos, y por lo tanto nuestras actividades y relaciones, y así pues es la fuente de todo sufrimiento psicológico.

El miedo a desaparecer o a morir es, de hecho, la emoción primaria que domina la vida de la entidad imaginaria resultante de la asociación exclusiva de nuestro yo con el cuerpo y la mente. De hecho, la mayor parte de los sentimientos de tristeza, enfado, ansiedad, depresión, carencia, necesidades psicológicas, agitación, celos, etcétera, no son más que modulaciones o variaciones de este miedo esencial a desaparecer o morir.

Por este motivo, cuando la verdadera naturaleza de nuestro ser esencial se hace evidente, todos estos sentimientos se desvanecen progresivamente. En este caso, hemos podido ver a través de la creencia que los sustenta.

LA NATURALEZA ETERNA E INFINITA DE NUESTRO SER

La comprensión experiencial de que nuestro yo-presencia consciente no tiene límites ni presenta ninguna ubicación no es ningún tipo especial de conocimiento que requiera que llevemos a cabo un entrenamiento o una formación para adquirirlo. Es algo obvio, íntimo y bien sabido por todos, previo a cualquier cosa que la mente pueda o no conocer. Es un conocimiento experiencial independiente de lo inteligente que pueda ser la mente, así como de cualquier otra de sus características; también es independiente de lo viejo o joven que sea el cuerpo, o de lo sano o enfermo que esté.

De hecho, antes de que sepamos ninguna otra cosa —antes de que nuestro yo parezca conocer cualquier otra cosa que no sea él mismo, como la mente, el cuerpo o el mundo—, reconocemos nuestro propio ser, y ningún conocimiento posterior de la mente puede acercarnos a este conocimiento experiencial ni puede alejarnos de él.

Es el pensamiento, que se ve justificado después en el cuerpo por las sensaciones, el que *parece* velar esta comprensión experiencial o alejarnos de ella. La mayoría de nosotros hemos investido al pensamiento con un grado tal de importancia y verdad que consideramos que este sencillo reconocimiento de nuestro ser es insignificante.

Sin embargo, date cuenta claramente de que, si dejas de tomar como referencia el pensamiento o los recuerdos, no existe el conocimiento de que nuestro yo tenga algún límite, contorno, forma, frontera, dimensión, color, edad, historia, futuro, pasado, destino, peso, nacionalidad o género. Solamente un objeto, como un pensamiento, sentimiento, imagen, sensación, recuerdo o percepción podría tener estos atributos. *Tú*, presencia consciente, eres *consciente* de estas cualidades, pero tú mismo *no las posees*.

Tan solo una cualidad objetiva podría limitar algo, pero nuestro yo, al no tener estas cualidades, carece, de forma inherente, de límites como los mencionados. Por esta razón decimos que nuestro yo es infinito.

Nuestra cultura, que ha perdido el contacto con esta comprensión profunda de nuestra verdadera identidad, tiende a pensar que *infinito* significa 'expandido indefinidamente en el espacio', cuando, de hecho, significa que el ente infinito no tiene cualidades o dimensiones observables, finitas, y que, por lo tanto, no se halla ubicado dentro de las tres dimensiones espaciales.

De la misma manera, date cuenta de que nuestro yo está siempre presente; no en el tiempo, pero sí en el *ahora* siempre presente. Si no nos remitimos al pensamiento, no tenemos conocimiento del tiempo.

El tiempo es la duración entre dos eventos y, si bien podemos imaginar dos eventos, nunca los experimentamos simultáneamente. Por ejemplo, cuando el desayuno de esta mañana está presente, el desayuno de ayer por la mañana no lo está. Las veinticuatro horas que separan estos dos eventos están hechas de pensamiento, no de experiencia. En otras palabras, en la intimidad de nuestro propio ser, que es previo al pensamiento, no hay tiempo. De hecho, nuestro yo no es *previo* al pensamiento, puesto que sin el pensamiento no existe ningún tiempo durante el cual pueda existir nuestro yo. Incluso *con* el pensamiento no está presente ningún tiempo, pero, en este caso, al menos está presente la *ilusión* del tiempo.

Para que algo exista en el tiempo, antes debe estar presente el tiempo, para que ese algo exista en él; de la misma manera que el espacio de una sala debe estar presente para que determinados objetos puedan estar en ella.

Sin embargo, no tenemos la experiencia de nada previo a nuestro yo. Algo debería estar presente para tener esta experiencia, y además debería tanto estar presente como ser consciente. Este algo sería nuestro yo. Según nuestra experiencia, no hay nada que sea anterior a nuestro yo.

Nuestro yo está siempre presente ahora, y no experimentamos una sucesión de ahoras. Este ahora presente es el único ahora que hay. El ahora en el cual nació el cuerpo es *el mismísimo ahora* en el que están apareciendo estas palabras. Es el único ahora que realmente existe. Por esta razón se dice que nuestro ser es eterno. Esto no significa que permanecemos para siempre en el tiempo. Significa que estamos siempre presentes ahora. Sencillamente, no hay ningún tiempo en nuestra experiencia en el que nuestro yo pueda existir aparte del presente, del ahora.

Nuestro yo no apareció en un momento determinado y no desaparecerá en un momento concreto. No hay ningún tiempo en nuestra experiencia en el que algo pueda aparecer o desaparecer. Solo existe este ahora siempre presente, y este ahora no es un momento en el tiempo; es conciencia intemporal, nuestra verdadera naturaleza.

Nuestra cultura ha perdido este conocimiento y por consiguiente equipara lo eterno con lo que dura para siempre. Sin embargo, ambos conceptos pertenecen a ámbitos completamente diferentes, uno real y el otro imaginario. *Que dura para siempre* tiene relación con el tiempo; en cambio, *eterno* tiene relación con lo intemporal y hace referencia a eso que está siempre presente ahora. No tiene que ver con una vida que no se acabe nunca; tiene que ver con la vida eterna. En realidad, ninguna palabra puede describir nuestro yo con precisión, porque las palabras tan solo pueden describir cualidades objetivas. De todos modos, si las palabras proceden realmente de la comprensión experiencial de nuestra naturaleza esencial, tienen en su interior, de alguna manera, el poder de señalar y evocar dicho yo.

En última instancia, todas las palabras deberían olvidarse y debería quedar solamente la experiencia a la que se refieren: el presente eterno y la naturaleza ilimitada de nuestro ser esencial.

LA PRESENCIA BRILLA POR SÍ MISMA

Todos los objetos de la mente, el cuerpo y el mundo son conocidos o experimentados por nuestro yo. De hecho, sin nuestro yo-presencia consciente nada sería conocido o experimentado. Toda experiencia deviene cognoscible o es iluminada por nuestro yo.

Así como, metafóricamente hablando, todos los objetos pasan a ser visibles gracias a la luz del sol, en el ámbito de la realidad toda experiencia deviene cognoscible por la luz de nuestro yo.

Nuestro yo ilumina toda experiencia con la luz del conocimiento. Este conocimiento —entendido aquí como la capacidad de reconocer la existencia de las cosas— es inherente a nuestro yo e inseparable de él. De hecho, *es* nuestro yo.

Toda experiencia es inseparable del hecho de conocerla o reconocerla, es decir, es inseparable de la luz de nuestro yo. En otras palabras, todo lo que es conocido o experimentado brilla con la luz de nuestro yo, así como todos los objetos brillan con la luz del sol. De hecho, cualquier experiencia, antes de hablarnos de sus cualidades objetivas, anuncia primero la luz de la presencia por medio de la cual es conocida. Esta luz brilla en toda experiencia, de la misma manera que la luz del sol brilla en todos los objetos.

Es la luz de nuestro yo la que hace que todas las cosas aparentes sean cognoscibles, pero ¿qué es aquello que hace que nuestro yo sea cognoscible? ¿Con qué luz es conocida la certidumbre de nuestro propio ser?

El cuerpo, la mente y el mundo son conocidos por la luz de nuestro yo, pero nuestro yo no es conocido por ninguna otra luz que la suya propia. Así pues, nuestra experiencia es que la luz por la cual nuestro yo se conoce a sí mismo es su *propia* luz. Nuestro propio ser brilla con su propia luz. No es conocido por nada o nadie que no sea él mismo. Se conoce a sí mismo por sí mismo, y solamente por medio de sí mismo. No necesita un cuerpo o una mente para conocerse. Se conoce a sí mismo, brilla por sí mismo y él mismo tiene la evidencia de sí mismo.

En realidad, no conocemos o experimentamos los objetos como tales. Tan solo tenemos nuestro *conocimiento* o *experiencia* de ellos. La experiencia de conocer —en el sentido de reconocer, atestiguar— es todo lo que sabemos de los objetos o del mundo. Y el «conocer» por medio del cual conocemos los objetos aparentes o el mundo aparente proviene de nuestro yo. *Es* nuestro yo. Es la luz de nuestro propio yo-presencia consciente la que brilla cuando conocemos o experimentamos cualquier objeto.

Cuando miramos cualquier objeto aparente, nos parece que vemos un objeto, pero, en realidad, todo lo que vemos de él es la luz reflejada de nuestra propia presencia consciente que lo ilumina o conoce. Todos los objetos aparentes brillan con la luz que reflejan de nuestro propio ser.

De hecho, no conocemos los objetos, solo el acto de «conocer». Y ¿quién es el que conoce el «conocer»? El «conocer» no es conocido por algo o alguien externo o ajeno al mismo acto de «conocer». El «conocer» es conocido por el «conocer» mismo. En definitiva, todo lo que es experimentado cuando se experimenta la presencia de cualquier elemento del mundo es este «conocer».

Y este «conocer» *es* nuestro yo-presencia consciente. En otras palabras, cualquier cosa que experimentemos, hayamos experimentado o lleguemos nunca a experimentar es nuestro yo conociéndose a sí mismo, la conciencia consciente de la conciencia.

Esta experiencia de la conciencia conociéndose a sí misma no admite ninguna otra cosa, ninguna distancia ni ninguna separación. A la vez, está hecha de la pura intimidad de nuestro propio ser. Esta absoluta intimidad y falta de otredad es la experiencia del amor. Todo, todas las cosas aparentes, está hecho solo de amor.

Si olvidamos la luz de nuestro ser, pensamos que vemos un objeto físico, pero tan pronto como recordamos nuestro yo —tan pronto como nuestro yo deja de estar aparentemente velado por el pensamiento del «yo interior y separado»— nos damos cuenta de que lo que es realmente conocido no es más que una modulación de la luz de nuestro ser, que conoce a su propio yo siempre presente, de la misma manera que, metafóricamente hablando, solo vemos la luz modulada del sol en los árboles, las colinas y las montañas.

Es tan solo un pensamiento lo que hace que parezca que sea conocido algo distinto de la luz de nuestro ser, de la

PRESENCIA: EL ARTE DE LA PAZ Y LA FELICIDAD

misma manera que, a otro nivel, es solamente un pensamiento lo que hace que parezca que vemos un árbol, una colina o una montaña en lugar de ver tan solo la luz del sol.

Igualmente, es solo un pensamiento lo que hace que parezca que nuestro yo es un cuerpo y una mente, cuando, en realidad, el cuerpo y la mente constituyen modulaciones de la luz del conocer que es nuestra presencia consciente.

Por regla general pensamos que la mente conoce los objetos. Sin embargo, la mente *es conocida*, no *conoce*. La mente parece conocer los objetos de la misma manera que la luna parece iluminarlos por la noche. Los objetos parecen ser iluminados por la luz de la luna, pero, de hecho, la luna no tiene luz. La luz con que la luna ilumina los objetos por la noche es la luz reflejada del sol.

Del mismo modo, parece que la mente conoce los objetos, pero, de hecho, la luz o el «conocer» con que aparenta hacerlo procede de nuestro propio ser consciente.

Cuando miramos un objeto de la naturaleza, como un árbol, una colina o una montaña, todo lo que vemos realmente, en el nivel de lo relativo, es una modulación de la luz del sol. Si olvidamos la presencia de este, nos parece que vemos objetos pero, tan pronto como recordamos el sol, nos damos cuenta de que todo lo que vemos en realidad es solamente una modulación de su luz.

Asimismo, en el nivel de la realidad, todo lo que verdaderamente conocemos es el «conocer», y este «conocer» *es* nuestro yo. Cuando olvidamos la presencia de nuestro yo o, mejor dicho, cuando nuestro yo está aparentemente velado u ocultado por el pensamiento del «yo interior separado», los objetos, las personas y el mundo parecen adquirir una existencia independiente por su cuenta, como si fuesen reales por sí mismos.

Pero tan pronto como recordamos a nuestro verdadero ser, toda objetualidad y otredad se desmoronan y toda experiencia revela ser solamente la luz de la presencia consciente brillando por sí misma, conocedora de sí misma, evidente para sí misma y luminosa por sí misma.

Por la noche no podemos ver el sol y aun así vemos su luz, reflejada primero por la luna y después por los objetos. De modo que todos los objetos, por la noche, nos hablan en primer lugar y ante todo del sol. Anuncian su presencia.

De la misma manera, nosotros no podemos «ver» nuestro propio ser y todo lo que llegamos a conocer, en toda experiencia, es la luz de nuestro yo, el cual solo se conoce a sí mismo. Toda experiencia, en primer lugar y ante todo, anuncia la presencia de la conciencia, la luz de nuestro propio ser.

Cualquier otro conocimiento es relativo. El conocimiento que tenemos de nuestro propio ser, el conocimiento que el ser tiene de sí mismo, es el único conocimiento absolutamente verdadero que tenemos. Esto es todo lo que es realmente conocido. Todos los objetos honran al sol. Asimismo, toda experiencia honra a nuestro yo, a nuestra presencia consciente. Como dicen los sufíes: «Donde sea que se posa el ojo, allí está la cara de Dios».

EL ÚNICO YO QUE EXISTE

Nuestro propio ser es como una presencia abierta, vacía y transparente.

La atención siempre está dirigida hacia algo. En nuestro yo no hay nada objetivo hacia lo cual podríamos dirigir nuestra atención. La atención está dirigida siempre hacia un objeto –un pensamiento, un sentimiento, una sensación o una percepción.

Despojada de cualquier dirección, la atención se revela como la presencia consciente que es nuestro yo.

Al principio podemos intentar dirigir nuestra atención a nuestro yo, pero todo lo que encontraremos será un objeto, por más sutil que sea. Basta con que dejemos de depositar nuestra atención, y por lo tanto nuestra identidad, en cualquier tipo de objeto, es decir, en cualquier tipo de pensamiento, sentimiento, sensación o percepción.

No es necesario que nos deshagamos de todo ello; es suficiente con que dejemos de proyectar ahí nuestra atención, y sobre todo nuestra identidad. En algún punto se vuelve obvio que nuestra naturaleza esencial no es un pensamiento, un sentimiento, una sensación ni una percepción.

En ese punto volvemos a caer en nuestro yo, por decirlo de alguna manera. A la vez se hace evidente el hecho de que ningún pensamiento, sentimiento, sensación o percepción nos puede forzar a ser algo distinto de lo que ya somos. Por esta razón cesa toda implicación con lo aparente, a menos que dicha implicación sea necesaria para dar una respuesta práctica a la situación del momento. Al relajar nuestra implicación con los pensamientos, sentimientos, sensaciones y percepciones, estamos permitiendo que se mitigue el control que ejercen sobre nosotros, aunque al principio no lo sepamos. Estamos permitiendo que nuestro ser se desenrede de la matriz de pensamientos, sentimientos, sensaciones y percepciones con los que el pensamiento lo ha enmarañado; como consecuencia, se revela tal como siempre ha sido, tal como naturalmente es.

No hay dos yoes, uno separado y otro real. El yo real es siempre el único yo que existe, aunque se ha enredado tanto con los pensamientos, sentimientos, sensaciones y percepciones que ha llegado a parecer que hay otro tipo de yo, uno que está limitado y separado, y que se halla localizado en el interior del cuerpo.

Sin embargo, este yo limitado no existe. Nuestro yo verdadero y consciente nunca es un yo separado, de la misma manera que una pantalla tampoco se convierte en un paisaje cuando comienza la película.

Al dejar de depositar su atención e identidad en los objetos del cuerpo y la mente, nuestro ser se desprende progresivamente de estas adherencias. Aquello a lo que damos nuestra atención florece. Aquello a lo que damos nuestra atención se convierte en nuestra realidad.

Al prestar atención a nuestro yo-presencia consciente, la atención se ve liberada de su dirección, foco o tensión y se revela a sí misma como presencia. Aquel a quien estamos buscando se revela como aquel que está mirando.

Este regreso a nuestro yo libera al cuerpo y a la mente de muchas de las contracciones y tensiones que estaban presentes como resultado del pensamiento del yo interior y separado. Esta relajación no es la experiencia de nuestro yo; es un efecto secundario en el nivel del cuerpo y en el de la mente.

En las circunstancias habituales, el cuerpo y la mente se hallan en un estado de tensión y contracción que es la expresión y ramificación del pensamiento del yo interior y separado. Pero nos hemos acostumbrado tanto a este estado de tensión y contracción que ya no lo registramos como tal. Sencillamente, nos parece normal.

Imagínate que alguien ha apretado los puños para defenderse durante tanto tiempo que los puños ya no son conscientes de ello y por lo tanto se sienten perfectamente relajados. De la misma manera, nuestro cuerpo y nuestra mente se han visto tan permeados por las tensiones y contracciones generadas por el pensamiento del yo interior y separado que ya no somos conscientes de ello.

Sin embargo, con el regreso a nuestro yo tiene lugar una liberación que manda olas de relajación a través del cuerpo y la mente, que disuelven estas tensiones y contracciones a su paso y dan lugar a una disposición más ligera y expandida. En algunos casos esto puede ser muy fuerte y provocar movimientos corporales inusuales, lágrimas o risa. En otros casos el efecto puede ser más suave.

De cualquier modo, cuando esta disposición más ligera y expandida se convierta en la nueva norma, dejará de sentirse así. Tan solo se sentía extraña antes, en contraste con el estado habitual de tensión y contracción. Ahora habrá pasado a ser nuestro estado normal.

Como resultado de este desenredo, nuestro yo vuelve a su condición natural de presencia abierta, vacía y transparente, y la paz y la felicidad que son inherentes a él empiezan a filtrarse por todas las manifestaciones aparentes del cuerpo, la mente y el mundo. De hecho, el cuerpo y la mente comienzan a expresar estas cualidades de apertura, vacío y transparencia e incluso el mundo manifiesta una amabilidad que es un reflejo de la intimidad de nuestro verdadero yo.

Sin embargo, aunque la creencia y la sensación de ser un yo interior separado lleguen a su fin, no finalizan las implicaciones que tiene esta comprensión en las manifestaciones aparentes que son el cuerpo, la mente y el mundo.

Tiene lugar un viaje de revelación continuo e incesante.

SEGUNDA PARTE

LA NATURALEZA DE LA PAZ, LA FELICIDAD Y EL AMOR

NUESTRO SER ESENCIAL ES LA PAZ MISMA

Nuestro yo esencial es el ser siempre presente o presencia consciente que conoce o experimenta nuestros pensamientos, sentimientos, imágenes, recuerdos, sensaciones y percepciones pero que no está hecho, él mismo, de pensamientos, sentimientos, sensaciones, etcétera. Por esta razón podría decirse que está vacío. Aunque, de hecho, solo está vacío en relación con los objetos; en realidad, está lleno de presencia y conciencia.

Nuestro ser podría compararse con un espacio vacío y abierto, como el espacio de la estancia en la que tu cuerpo está sentado en este momento. Este espacio no ofrece ninguna resistencia a los objetos o a las actividades que aparecen en él. De hecho, el espacio no contiene ningún mecanismo con el que pudiese resistirse a nada que apareciese o negarlo. ¿De qué podría estar hecha una resistencia así? Tendría que ser de algo, de algún objeto; no podría estar hecha de espacio vacío.

El espacio de la estancia parece estar definido y limitado por las paredes que lo rodean, pero antes de que las paredes fueran construidas y después de que sean desmanteladas ese espacio seguirá siendo exactamente tal como es ahora. Su forma y sus cualidades aparentes se le superponen por medio de las paredes, los muebles y las actividades que tienen lugar en su interior, pero el espacio en ningún momento adopta estas cualidades; tan solo *parece* adoptarlas.

Nuestro ser es así. Parece haber asumido las cualidades del cuerpo y la mente, pero en realidad no lo ha hecho. Antes de la aparición del cuerpo y la mente, nuestro yo «era» exactamente igual a como es ahora, y también «será» así cuando el cuerpo y la mente hayan muerto. Pero este «era» y este «será» hacen referencia a este mismo ahora, el único ahora que existe.

Nuestro yo es como un espacio abierto y vacío, un espacio *conocedor* o *consciente* que se halla, como el espacio de la estancia del ejemplo, inherentemente libre de resistencias. De hecho, nuestro yo desconoce el significado de la palabra «resistencia», puesto que es un sí totalmente abierto a todo lo que aparezca.

Como el espacio vacío de la estancia, nuestro yo es inherentemente libre de cualquiera de los objetos o actividades que aparecen dentro de él —pensamientos, sentimientos, sensaciones y percepciones— y, a la vez, permite todo eso sin mostrar preferencias o efectuar discriminaciones.

Los pensamientos, sentimientos, sensaciones y percepciones pueden estar agitados o en calma, pero nosotros, la presencia consciente que los conoce o experimenta, no compartimos sus cualidades. Nosotros somos el espacio vacío y consciente que no puede verse agitado por nada que ataña a la mente, al cuerpo o al mundo, de la misma manera que el espacio de la estancia no puede verse agitado por nada que pueda o no acontecer en su interior.

En otras palabras, nuestro yo es intrínsecamente pacífico. Nuestra paz inherente no depende de la naturaleza o las características de lo que aparezca.

Nuestro yo es testigo de cualquier agitación, pero él mismo no puede verse agitado. Esta ausencia de resistencia o agitación es conocida sencillamente como la experiencia de la paz.

La paz no es una cualidad o un atributo *de* nuestro yo. *Es* nuestro yo. No puede ser nunca separada de nuestro yo, de la misma manera que la cualidad inherentemente pacífica del espacio no puede separarse de este. Nosotros *somos* la paz.

Los estados pacíficos de la mente, el cuerpo y el mundo pueden ir y venir —y forma parte de la naturaleza de la mente, el cuerpo y el mundo que los ciclos de calma y agitación se sucedan— pero nuestro yo es la siempre presente e inherentemente pacífica presencia que conoce y permite todos estos estados, y es íntimamente uno con ellos, aunque nunca se ve afectado por ellos en lo más mínimo.

Nuestro yo, como el espacio, es imperturbable. Esta paz no es un estado de la mente o del cuerpo que va y viene sino que está siempre presente; permanece en quietud y en silencio detrás y dentro de cada pensamiento, sentimiento, sensación o percepción, abierta y disponible a cada momento, esperando sencillamente a ser reconocida.

Siempre que anhelamos la paz, es de hecho la paz de nuestra verdadera naturaleza lo que estamos anhelando, aunque a veces confundamos la paz de nuestra verdadera naturaleza con un estado pacífico de la mente, el cuerpo o el mundo. Todos sabemos que los estados pacíficos de la mente, el cuerpo y el mundo no duran y no proporcionan la paz profunda que verdaderamente deseamos. Solo la paz que es inherente a nuestra verdadera naturaleza puede realmente poner fin al anhelo que nos hace empezar y sostener tantas de nuestras actividades y relaciones.

De hecho, el anhelo de paz es, él mismo, la paz de nuestra verdadera naturaleza, apenas velado por el pensamiento y la sensación del yo interior separado.

Cuando este anhelo se ve despojado del tiempo, esto es, despojado del pasado y el futuro en los que proyecta un yo imaginario, se revela como la paz que está siempre presente dentro de nuestro ser, brillando en silencio en el centro de toda experiencia, esperando sencillamente a ser reconocida.

Confundir la paz de nuestra verdadera naturaleza con un estado pacífico de la mente o del cuerpo tan solo supone una demora en cuanto a que advirtamos la presencia de la paz que es inherente al sencillo reconocimiento de nuestro propio ser tal como verdaderamente es.

Una vez dicho esto, cuando hayamos accedido a la paz que está siempre presente en nuestro yo bajo todas las circunstancias, el cuerpo, la mente y el mundo se verán profundamente afectados y, con el tiempo, cada vez más permeados por dicha paz. Comenzarán a brillar con la paz de nuestra verdadera naturaleza.

LA FELICIDAD ES INHERENTE A NUESTRO SER

Es nuestro yo el que conoce o experimenta el sentimiento de carencia o insatisfacción —el sutil o no tan sutil sentimiento de intranquilidad o el deseo de cambiar la situación actual— que caracteriza a mucho de nuestro pensar, sentir y actuar.

Este sentimiento de carencia es conocido como infelicidad o sufrimiento. Puede ser agudo o tan solo un vago sentimiento de insatisfacción que impregna sutilmente nuestra experiencia y se expresa como una necesidad casi constante de sustituir la situación actual por una mejor alternativa en el futuro.

Somos conscientes de los pensamientos que tratan de cambiar la situación actual por otra que estos consideren más conveniente, pero no somos estos pensamientos ni los sentimientos que tratan de evitar. El sentimiento de carencia atañe al pensamiento, no a nuestro yo.

La felicidad no es un estado de la mente o del cuerpo, aunque a menudo se confunde con algunos de esos estados. Las experiencias placenteras de la mente y del cuerpo van y vienen, pero la felicidad propiamente dicha no tiene nada que ver con las experiencias placenteras. La felicidad tampoco es una cualidad que *tengamos* o una experiencia que va y viene. La felicidad es la innata falta de resistencia, la ausencia de insatisfacción que es el estado natural de nuestro yo. No puede separarse de nuestro yo. Es lo que *somos*.

Si el pensamiento no hiciese acto de presencia, nuestro verdadero yo o presencia consciente no sabría lo que es resistirse a lo que está aconteciendo. La resistencia está total e íntimamente unida al pensamiento.

La presencia consciente dice «sí» a todo lo que surge. En realidad, el hecho de que cualquier cosa esté apareciendo significa que la presencia ya ha dicho que sí a ello. Este «sí» es la felicidad, la cual no conoce ninguna búsqueda ni resistencia, ni tiene ningún deseo de cambiar la situación actual por otra mejor.

Esta felicidad está presente bajo todas las circunstancias. Es la condición natural de toda experiencia, previa al surgimiento del pensamiento de búsqueda y resistencia, y permanece incluso durante la manifestación de este pensamiento, aunque este aparentemente la oculte. Así pues, la felicidad, como la paz, es inherente a nuestro yo. *Es* nuestro yo.

Y así como nuestro yo está siempre presente, observando en silencio todas las manifestaciones cambiantes de la mente, el cuerpo y el mundo, a la vez que está íntimamente unido a ellas, la felicidad inherente a nuestro yo está también siempre presente —aunque a veces parece velada— en el núcleo de toda experiencia, esperando a ser reconocida.

La razón por la que tan a menudo dejamos de advertir esto es que nos apartamos de la experiencia del momento e intentamos sustituirla por otra mejor. Buscamos la felicidad en un objeto o una situación futuros cuando, de hecho, se halla siempre asentada en silencio en el centro de toda experiencia, independientemente de cuáles sean las características de cada experiencia. Es solo nuestro alejamiento, nuestro rechazo de la situación actual, lo que hace que parezca que la felicidad no esté presente ahora y, por lo tanto, que haya que encontrarla en el futuro.

El anhelo de felicidad que caracteriza a la mayor parte de nuestras actividades es tan solo un anhelo de saborear la felicidad que es inherente a nuestra verdadera naturaleza que está siempre presente en nuestra verdadera naturaleza, y que ha sido temporalmente eclipsada por nuestro rechazo a la situación actual, a lo que está aconteciendo *ahora*.

Este anhelo perpetuo de felicidad —que no puede, por definición, ser nunca satisfecho, porque esta misma búsqueda niega la felicidad que está presente en nuestro propio ser ahora— nos condena a una búsqueda incesante en el futuro, que perpetúa la infelicidad. Por esta razón dijo el poeta: «Todos los hombres llevan una vida de silenciosa desesperación».

EL AMOR ES LA CONDICIÓN NATURAL DE TODA EXPERIENCIA

Volviendo a la metáfora del espacio de la estancia, date cuenta de que todos los objetos presentes en ella están a la misma distancia del espacio donde aparecen. Todos ellos —la mesa, las sillas, la moqueta, las cortinas, las ventanas, los libros, tu cuerpo, etcétera— están igual de cercanos al espacio: el espacio los «toca» todos; no está más cercano a un objeto que a otro.

Una analogía mejor sería la relación existente entre la pantalla y la imagen que aparece en ella. La imagen parece ser algo distinto de la pantalla. El nombre y la forma de la imagen —por ejemplo, un árbol o un coche— parecen definirla como algo que es distinto de la pantalla y que está separado de ella. Sin embargo, nos basta con alargar una mano y querer tocar la imagen para descubrir que solamente está la pantalla.

Nuestro ser es también así respecto a lo que surge. Pensamientos, emociones, imágenes, recuerdos, sensaciones y percepciones son, todos ellos, conocidos por nuestro yo. Todo ello se le aparece a nuestro yo, y si observamos bien, no encontramos nunca ninguna distancia o separación entre nuestro yo y nada de lo que emerge, de la misma manera que no hay nunca ninguna distancia o separación entre la imagen y la pantalla. El narciso que se muestra en primer plano no está más cerca de la pantalla que las montañas que se ven al fondo. Y nuestro yo es así respecto a todo lo que aparece. Es íntimamente uno con ello; lo «toca» todo de la misma manera.

Toda experiencia es iluminada o conocida por nuestro yo, y este conocimiento está íntimamente conectado con todo lo que es conocido; no pueden separarse. De hecho, no tenemos ningún conocimiento de ningún objeto separado de nuestro conocimiento de él. No podemos decir, por lo tanto, que conocemos ningún objeto como tal; tan solo podemos decir que conocemos nuestro conocimiento de él. Así pues, no hay propiamente objetos; tan solo el conocimiento que tenemos de ellos. Y ¿de qué está hecho este conocimiento? ¡De nuestro yo!

¿Qué ocurre con nuestra experiencia de la luna o de una sensación corporal si nuestro yo-presencia consciente se retira de ella? La experiencia no puede continuar. La luna o la sensación desaparecen de la experiencia. Tanto la luna como la sensación brillan igualmente con la luz de nuestra presencia conocedora. Una no está más cerca del conocimiento o experiencia que la otra. El pensamiento puede concebir que la luna está lejos y que los pensamientos están cerca, pero en realidad ambas experiencias se hallan igualmente cercanas a nuestro yo. De hecho, toda experiencia está íntimamente cerca de nuestro yo; en realidad, más cerca que cerca: tan solo nuestro yo está ahí, tan solo el saber interior.

Cuando exploramos nuestra experiencia con mayor profundidad, encontramos que la línea que hay entre nuestro yo que *conoce* toda experiencia y los objetos de la mente, el cuerpo y el mundo que *son conocidos* se desvanece progresivamente, incluso repentinamente en algunos casos. Estalla en un momento de visión clara o se disuelve con el tiempo.

Esta experiencia de ausencia de distinción, separación u otredad entre nuestro yo y cualquier cosa que experimente es la experiencia conocida como amor.

El amor es normalmente concebido como la cualidad de la intimidad que caracteriza a un pequeño puñado de relaciones, que conecta a una persona con otra, cuando es, en realidad, la condición natural de *toda* relación, de *toda* experiencia. El amor no es selectivo; solo el pensamiento lo es.

De hecho, el amor no es otra cosa que la comprensión sentida de que nuestra experiencia no está hecha de dos entidades esenciales —un yo interior separado por una parte y lo que este percibe por la otra, es decir, los objetos, los demás y el mundo—. El amor es el colapso o disolución de esta dualidad aparente. O, más bien, es la comprensión sentida de que dicha dualidad en verdad nunca existió.

Esta división de la experiencia en dos partes aparentemente distintas tan solo consistió en una superposición del pensamiento sobre la siempre presente y esencial naturaleza de la experiencia. Cuando la experiencia es liberada de esta división, esto se denomina amor. De hecho, no conocemos ninguna otra cosa que no sea el amor.

El descubrimiento de que la paz, la felicidad y el amor están siempre presentes en el interior de nuestro ser y completamente disponibles a cada momento de la experiencia en todas las circunstancias es el descubrimiento más importante que uno puede hacer.

Normalmente nos consideramos a nosotros mismos entidades limitadas y separadas, un cuerpo y una mente nacidos en un mundo que ya existía; pensamos que nos movemos hacia delante en el tiempo, negociando las circunstancias en un intento de obtener la paz, la felicidad y el amor que anhelamos, mientras envejecemos continuamente y estamos destinados, al final, a morir.

Sin embargo, nuestra naturaleza esencial es, ella misma, puro ser, pura presencia consciente, que ni reside en el cuerpo ni en la mente ni depende de ellos. No va ni viene; no nació ni va a morir. Está eternamente presente ahora, y la paz, la felicidad y el amor son su mismísima naturaleza.

En la paz y la felicidad conocemos nuestro yo como absolutamente independiente de todas las manifestaciones aparentes del cuerpo, la mente y el mundo; así reconocemos nuestra libertad innata. En el amor nos conocemos como íntimamente uno con todas estas manifestaciones.

La libertad lo es *respecto a* estas manifestaciones aparentes; el amor tiene lugar *dentro de* ellas.

Y ¿quién ha llevado a cabo este descubrimiento sobre nuestro yo? Nadie distinto de nuestro yo. Este descubrimiento proviene de nuestra propia experiencia íntima de nuestro yo, de su conocimiento íntimo de sí mismo.

En otras palabras, el solo conocimiento de nuestro propio ser tal como es constituye una verdad evidente por sí misma que no requiere de confirmación por parte de ninguna otra fuente. Por supuesto, es el pensamiento el que está formulando este descubrimiento, pero el descubrimiento mismo no proviene del pensamiento.

Las implicaciones de este descubrimiento son a la vez simples y profundas: en cada uno de nosotros, la paz, la felicidad y el amor que *son* nuestra naturaleza esencial están siempre presentes y disponibles. Es decir, aquello que verdaderamente anhelamos en la vida está disponible a cada momento, en cualquier circunstancia, en el sencillo conocimiento de nuestro ser tal como realmente es.

Si miramos de cerca y honestamente la gran mayoría de nuestros pensamientos y actividades, veremos que están orientados a obtener la paz, la felicidad y el amor por medio de la manipulación de las circunstancias o la adquisición de objetos y relaciones en el futuro.

Esta proyección de la paz, la felicidad y el amor en un futuro imaginario vela la paz, la felicidad y el amor que residen en el núcleo de toda experiencia.

El yo interior e imaginario se crea cuando esta paz, felicidad y amor resultan velados, y, una vez que ha sido creado o imaginado, se ve condenado a una búsqueda incesante; y busca, en un futuro que no existe, algo que, por definición, no puede encontrarse allí.

Esta es la tragedia y la comedia de la condición humana.

EL ETERNO AHORA

Toda experiencia tiene lugar ahora.

El ahora es concebido normalmente como una fracción de tiempo intercalada entre dos lapsos inacabables, el pasado y el futuro. En otras palabras, el ahora es considerado un momento que dura un instante —de ahí la expresión «el momento presente»— que se mueve a lo largo de una línea de tiempo. El ahora es sin duda conocido o experimentado. Pero ¿y el tiempo?

El tiempo es la duración entre dos eventos. Por ejemplo, aparentemente transcurren veinticuatro horas entre el desayuno de hoy y el de mañana. Pero ¿cuál es en realidad nuestra *experiencia* de esta duración? ¿Cuál es nuestra experiencia del desayuno que hemos tomado esta mañana en este momento?

Es solamente un pensamiento o una imagen. Y el desayuno de mañana es también solamente un pensamiento o una imagen. Todos los pensamientos e imágenes tienen lugar ahora; nunca en un pasado o en un futuro. Esto es, no tenemos ninguna experiencia real del desayuno de hoy o del de mañana. Experimentamos pensamientos o imágenes del desayuno, pero estos tienen lugar ahora.

El tiempo en el cual creemos que el desayuno de hoy ha tenido lugar y el tiempo en el cual el desayuno de mañana se cree que tendrá lugar son imaginados. Nunca son experimentados.

Cuando tiene lugar la experiencia *real* del desayuno es *ahora*. Y cuando tiene lugar el pensamiento *sobre* el desayuno también es *ahora*.

Así pues, lo único que conocemos verdaderamente es el ahora; en realidad nunca conocemos el pasado o el futuro. Y si no conocemos el pasado ni el futuro, ¿cómo podemos conocer el tiempo? ¡Es imposible!

Del mismo modo, si no conocemos el tiempo, ¿cómo sabemos que el ahora en el que está teniendo lugar la experiencia actual no es el mismo ahora en el que tiene lugar toda experiencia? ¿Cómo sabemos que el ahora en el que tuvimos nuestra primera experiencia como recién nacidos no es el mismo ahora en el que están apareciendo estas palabras?

Es tan solo un pensamiento el que nos dice que este ahora es diferente de aquel ahora. Y dicho pensamiento está manifestándose en este momento. Sencillamente, ¡no podemos evitar el ahora! No está presente ningún otro tiempo en el que pueda existir otro ahora.

Intenta salir del ahora e ir al pasado durante un segundo. ¿Puedes hacerlo? A continuación, trata de ir al futuro durante otro segundo. ¿Adónde has ido? ¿Adónde *puedes* ir?

De hecho, si permanecemos cerca de nuestra experiencia, nos encontramos con que *este* ahora es el único ahora que siempre tiene lugar. Es un ahora *eterno*.

Este ahora no va a ningún lugar en el tiempo. No existe ningún tiempo en el que pueda viajar hacia delante ni hacia atrás. Y es que el ahora no es un momento en el tiempo. No tiene nada que ver con el tiempo. No está hecho de tiempo.

¿De qué está hecho el ahora? El ahora está siempre presente y por lo tanto solo puede estar hecho de algo que esté también siempre presente. Y ¿qué es lo que, en nuestra experiencia, está siempre presente? ¿La mente, el cuerpo, el mundo? No; ¡solo nuestro yo!

El ahora *es* nuestro yo. No estamos presentes *en* el ahora. *Somos* el ahora. El ahora no es un contenedor que comprende nuestro yo junto con todo lo demás. *Es* nuestro yo, nuestra eterna presencia.

Y ¿qué motivos tiene nuestro yo para evitar el ahora —no nuestro yo como cuerpo y mente sino nuestro yo como presencia consciente—? Antes de la aparición del pensamiento nuestro yo no tiene ningún motivo. Incluso *durante* un pensamiento motivador el motivo es *tan solo* este pensamiento. En otras palabras: todos los motivos obedecen a nuestro pensamiento, nunca a nuestro yo.

El pensamiento cree que un pensamiento motivador es un motivo *de* nuestro yo, pero el yo que tiene un motivo es un yo imaginado. Sin embargo, este yo imaginado, por su parte, no *tiene* un motivo; *es* un motivo: constituye, él mismo, un movimiento de resistencia o búsqueda, alejado del ahora en un pasado o futuro imaginarios.

El verdadero y único yo es inherentemente libre de ningún motivo, plan o propósito. Todos los motivos, planes y propósitos están hechos para descubrirlo a él, fuera de él.

Somos pura paz y felicidad que no conoce ninguna resistencia al ahora, y no tenemos ningún deseo de sustituir el ahora.

Requiere pensamiento resistirse al ahora e intentar sustituirlo por algo mejor imaginado por el propio pensamiento. Antes de este pensamiento no hay ningún motivo para abandonar el ahora, para buscar la paz, la felicidad, el amor o la iluminación en el futuro.

Antes de que nos pongamos a buscar la paz, la felicidad o el amor en el futuro debemos haber olvidado la verdadera naturaleza de nuestro yo en el ahora, es decir, que estas cualidades están presentes aquí y ahora en nuestro yo. De hecho, la búsqueda de la felicidad, y esta búsqueda es otro nombre para la infelicidad, es solamente el olvido de nuestro yo.

Ahora bien, ¿quién podría olvidar la presencia de nuestro yo? Obviamente, no nuestro yo, puesto que nuestro yo no puede «no conocerse» a sí mismo; él *es* el conocimiento de sí mismo.

Así pues, ¿qué otra clase de yo hay que pueda olvidar la eterna naturaleza de paz y felicidad que *es* nuestro verdadero yo, nuestra presencia consciente? Tan solo puede tratarse de un yo imaginario. Y esto es exactamente lo que es el yo separado.

El yo imaginario está hecho del pensamiento que lo imagina. Este yo imaginario, hecho de pensamiento, imagina que la paz y la felicidad no están presentes ahora, en las actuales circunstancias.

Y si la paz y la felicidad no están presentes ahora, ¿dónde podrían encontrarse? Tan solo fuera del ahora. El lugar imaginario que se halla fuera del ahora es lo que denominamos tiempo.

El tiempo es el escenario del yo interior separado, un escenario donde se representa la resistencia y la búsqueda inherentes al yo imaginario, separado, y donde esta búsqueda tiene sentido.

El yo separado no puede llegar a entender que el tiempo no es real porque, si lo hiciera, no tendría ningún sitio adonde ir para perseguir sus sueños.

Cuando se ve claramente que este ahora es el único ahora que existe, la resistencia y la búsqueda del yo separado cesan. Sencillamente, no hay ningún lugar adonde este yo pueda ir.

Cuando tiene lugar el cese de la resistencia y la búsqueda, el mismo yo separado cesa de existir, puesto que el yo separado no es una entidad que busca, sino *el mismísimo acto de buscar.*

Si comprendiéramos experiencialmente que este ahora es el único ahora que hay y que toda la paz, felicidad y amor que existen o que pueden existir están presentes aquí y ahora, ¿qué sería de nuestra búsqueda? ¿Cuál sería el motivo para buscar la iluminación? Y ¿quién la buscaría? No sería nuestro yo-presencia consciente, puesto que sin el pensamiento no habría ningún mecanismo dentro de nuestro yo con el que rechazar la situación actual y buscar reemplazarla. Tan solo un yo imaginario buscaría algo así en un futuro imaginario.

Cuando vemos esto con claridad, el imaginario yo separado y su búsqueda de la paz y la felicidad se disuelven. Esta disolución puede ir acompañada de una ola de relajación en el cuerpo y la mente. El cuerpo y la mente, que han servido a una entidad imaginaria durante tanto tiempo, se encuentran ahora liberados de este tirano generador de fantasías.

Como resultado, la resistencia y la búsqueda a las que habíamos consagrado nuestros pensamientos, sentimientos, gestos, posturas, comportamientos, actividades y relaciones comienzan a relajarse. Esta relajación puede ir acompañada de la liberación de tensiones y contracciones en el cuerpo y la mente, lo cual puede dar lugar a experiencias placenteras, si bien es inevitable que no perduren. Sin embargo, la paz es permanente.

En la mayor parte de los casos la reorquestación del cuerpo y la mente se produce progresivamente, pero en ocasiones el cambio es repentino. Como resultado de una transformación tan espectacular, el cuerpo y la mente pueden desorientarse y la pérdida de las estructuras familiares en las que invertimos nuestra identidad puede provocar miedo e incluso pánico.

En este punto, el deseo de volver a los viejos hábitos de pensamiento y sentimiento como fuente de seguridad puede ser fuerte y, si se sucumbe a él, esto permitirá que el yo imaginario se reafirme nuevamente.

Sin embargo, si tenemos el valor y el amor de permanecer abiertos a este nuevo paisaje que nos resulta tan poco familiar, el miedo remitirá, y nos dejará con nuestra verdadera naturaleza de paz y felicidad. Los restos del yo separado se ven progresivamente eliminados del cuerpo y la mente, no por medio de ningún esfuerzo o disciplina, sino sencillamente porque no están siendo alimentados y reforzados por la creencia en la realidad de dicho yo separado.

Con el tiempo, toda la estructura corporal y mental regresa a su estado natural de comodidad y apertura. Ya no sirve a las insaciables exigencias del imaginario yo interior, y también deja de efectuar exigencias imposibles a las personas y al mundo imaginarios del exterior.

Un cuerpo y una mente así son libres y espontáneos; responden a lo que pide el momento y regresan después a su estado natural. Responden al momento en sus propios términos. Los pensamientos, sentimientos, actividades y relaciones ya no dejan huella en el cuerpo ni en la mente y, como resultado, estos permanecen abiertos, espaciosos, transparentes y amorosos.

Si se requiere algún conocimiento del pasado, estará disponible. Se dispone de todo lo necesario en cada momento, nada más ni nada menos. Por ejemplo, las ideas que contienen el pasado y el futuro pueden ser provisionalmente adoptadas si la situación lo requiere, pero nunca se las confunde con la realidad.

Anteriormente teníamos que realizar un esfuerzo para pensar sobre asuntos como estos, a causa del profundo condicionamiento al que el cuerpo y la mente se habían visto sometidos. Pero ahora que han sido recondicionados por la paz y la felicidad inherentes a nuestro yo, a veces parece que lo que requiere un esfuerzo es pensar a la vieja manera.

Por ejemplo, cuando un amigo nos pregunta cuánto duró nuestro vuelo, podemos sentirnos desconcertados por un momento. El viaje no tardó tiempo; tuvo lugar en el ahora. «Nueve horas», respondemos con una sonrisa. Las «nueve horas» son para la mente; la sonrisa es para el amigo.

La iluminación podría definirse como la ausencia de resistencia a lo que es, como la total intimidad con lo que sea que acontezca sin ningún deseo de rechazarlo o reemplazarlo. La intimidad es tal que no queda espacio para que el yo se separe del conjunto, para que se mantenga aparte y contemple la situación desde fuera, para juzgarla como significativa o no significativa, buena o mala, correcta o incorrecta, deseable o indeseable. La intimidad es tal que no hay ningún espacio ni tiempo en los que un yo separado podría refugiarse dentro del cuerpo, que no hay un «yo» dentro ni ningún objeto o persona fuera, sino que hay tan solo una experiencia íntima y transparente. La experiencia es tan íntima que no hay lugar para un «yo» y un «tú», un «esto» y un «aquello», un «ahora» y un «después». El aquí y el ahora son tan absolutos que no hay tiempo para el tiempo ni lugar para el espacio o la distancia. No existe ningún límite o frontera que pueda impedir que el yo imbuya todo el campo de la experiencia.

No podemos practicar ser nuestro verdadero yo, ni necesitamos hacerlo. *Ya* somos presencia consciente; *ya* somos íntimamente uno con toda experiencia. De hecho, ¡tan solo podemos practicar *no* ser nuestro yo! Y esto es exactamente lo que hacemos. Sin embargo, el «yo» que hace esto es un «yo» inexistente formado tan solo de pensamientos, sentimientos y sensaciones.

Durante décadas hemos estado practicando ser un yo interior separado, ensayando sus tendencias y sus roles, hasta que se ha vuelto una segunda naturaleza para nosotros pensar, sentir, actuar y relacionarnos en nombre de esta entidad. Sin embargo, esta entidad no es más que un producto de la imaginación. Es tan solo el pensamiento el que hace todo esto.

Nuestra relación con todas las manifestaciones aparentes del cuerpo, la mente y el mundo es la misma que la relación existente entre una imagen y la pantalla, es decir, no hay relación. Para empezar, ahí no hay dos cosas —una imagen y una pantalla— vinculadas la una con la otra, no importa lo íntimamente que lo hagan. Tan solo la pantalla, todo el rato. Caballos, coches, personas, edificios, cielo, árboles, animales, etcétera, son, todo ello, nombres que damos a la pantalla cuando olvidamos que es tan solo una pantalla. Pero incluso cuando lo olvidamos, ahí hay solamente la pantalla.

Somos así en relación con todo lo que percibimos del cuerpo, la mente y el mundo. Todo lo que conocemos es la experiencia de ello. Esto es, no conocemos el cuerpo, la mente y el mundo como tales; tan solo conocemos la experiencia que tenemos de ellos. Y ¿dónde tiene lugar la experiencia? ¿A alguna distancia de nuestro yo?

Y ¿está hecha la experiencia de algo distinto de nuestro yo? ¿Cuánta distancia hay entre nuestro yo y la experiencia de la luna? ¿Está cientos de miles de kilómetros lejos o bien es, la *experiencia* que tenemos de la luna —que es todo lo que conocemos de la luna—, cercana, íntima, una con nuestro yo?

TERCERA PARTE

EL ORIGEN DEL YO SEPARADO

LA FORMA ESENCIAL DEL YO SEPARADO

La forma esencial del yo separado es un pensamiento que imagina que nuestro yo-presencia consciente no imbuye *toda* experiencia íntimamente y por igual sino que tan solo imbuye una pequeña parte de esta. Este conjunto de pensamientos y sentimientos constituye el yo que cree ser el cuerpo y la mente.

Es como imaginar que la pantalla del ordenador no imbuye *todos* los documentos e imágenes que aparecen abiertos en ella sino solamente *uno* de ellos. De hecho, ni tan siquiera esto es cierto, porque los documentos e imágenes no son *imbuidos* por la pantalla, sino que no existen *aparte* de la pantalla.

Así pues, no existe algo así como un documento o una imagen con su propia existencia independiente. En realidad, solo existe la pantalla. *Documento* e *imagen* no son más que los nombres que le damos a la pantalla y a las formas que parece asumir.

Desde el punto de vista de la pantalla, no hay ningún documento o imagen real, independiente, como tales. Tan solo existe la pantalla misma. Los documentos y las imágenes se consideran reales por sí mismos cuando su realidad —la pantalla— ha sido pasada por alto.

En otras palabras, los documentos e imágenes tan solo se consideran reales desde el punto de vista imaginario de un documento o una imagen. Es decir, tan pronto como la pantalla se olvida los documentos y las imágenes parecen asumir su propia realidad independiente.

Parecen convertirse en objetos reales, separados, autónomos, hechos de algo distinto de la pantalla, por ejemplo de palabras, colores, formas, objetos, etcétera. Sin embargo, desde el punto de vista real y único de la pantalla, tan solo esta existe.

De modo que, en realidad, no hay dos cosas —la pantalla por un lado y el documento o imagen por el otro—, sino que solamente la pantalla. Dos cosas —o una multiplicidad y diversidad de cosas— solo pasan a existir, de un modo aparente—, cuando su verdadera realidad —la pantalla— es pasada por alto.

Lo mismo ocurre con la experiencia. Todo lo que conocemos es la experiencia, pero no hay ningún «yo» o «nosotros» que *conozca* la experiencia. Tan solo hay experiencia o experimentación. Y la experimentación no está inherentemente dividida en una parte que *experimenta* y otra parte que es *experimentada*.

Desde el punto de vista de la experiencia, que es el único punto de vista real, la experimentación es demasiado íntimamente una consigo misma como para conocerse a sí misma como «algo», por ejemplo un cuerpo, una mente o el mundo.

Para conocerse a sí misma como «algo», la experimentación habría tenido que dividirse en dos partes. Habría tenido que olvidar su verdadera naturaleza de pura, transparente e íntima experimentación e imaginar que es tan solo una pequeña parte de la experiencia. Y esto es justamente lo que hace la experiencia. Toma la forma de un pensamiento que parece dividirla en dos componentes.

Una vez que ha dividido la experiencia en dos partes de esta manera, el pensamiento puede después imaginar que nuestro yo es una parte de la experiencia, el «conocedor», y que el resto es «lo conocido».

Desde el punto de vista imaginario de este conocedor separado, los objetos conocidos parecen pasar a existir y adquirir realidad por sí mismos.

Sin embargo, esta existencia aparentemente separada de los objetos conocidos depende de que el pensamiento, en primer lugar, imagine que nuestro yo es un sujeto interior y separado, el «conocedor».

Dicho de otra manera, la creencia de que objetos tales como el cuerpo, la mente y el mundo son reales y sustanciales en sí mismos depende de la creencia de que nuestro yo-presencia consciente está localizado dentro del cuerpo e identificado con él, de modo que ha pasado a ser, en consecuencia, el yo interior separado.

En realidad, es decir, en nuestra experiencia real, toda experiencia es una única sustancia. La dualidad entre el yo interior y el objeto exterior, el mundo o los demás no es nunca experimentada. Es siempre imaginada.

No importa qué nombre le pongamos a esta sustancia única, puesto que no hay nada con lo que contrastarla. De todos modos, sea lo que sea la sustancia de la experiencia, está hecha de nuestro yo, y por eso *conciencia* o *presencia* son denominaciones adecuadas para ella.

Esta intimidad, falta de separación u otredad es también conocida como amor, y es la condición natural de toda experiencia.

A veces la experimentación toma la forma de un pensamiento en particular, un pensamiento que *imagina* que la experiencia no es una única sustancia, sino que está dividida en dos partes esenciales: un sujeto que conoce o experimenta y un mundo que es conocido o experimentado.

El sujeto es conocido como «yo» —estoy hablando del yo separado en este caso— mientras que el mundo experimentado «no soy yo». Este pensamiento parece dividir la experiencia en dos partes separadas que se considera que se relacionan por medio de un acto de conocer, sentir o percibir. Con esta creencia, la continua intimidad de la experiencia pasa a estar velada, y con ello también el amor que es la condición natural de toda experiencia.

En este momento parece nacer algo distinto de la conciencia. En vez de sentir que nuestro yo imbuye toda la experiencia de la misma manera, ahora sentimos que nuestro yo imbuye solamente el pequeño fragmento de experiencia que es el cuerpo y la mente.

De esta manera nuestro yo-conciencia aparentemente se contrae dentro del cuerpo y la mente, y el mundo parece estar proyectado fuera.

Esta es la primera división de la experiencia en dos entidades aparentes —el yo y el mundo— que vela u oculta la condición natural de toda experiencia: el amor. Por este motivo, el imaginario yo interior tiene siempre la misión de obtener el amor en el imaginario mundo exterior.

La aparente separación de la experiencia en dos partes esenciales es semejante a imaginar que una pantalla se divide en dos cuando dos imágenes aparecen en ella, una al lado de la otra. Si el pensamiento imagina que la pantalla se halla contenida en una sola de las imágenes, tendrá que imaginar también una sustancia que «no sea la pantalla», de la cual esté hecha la segunda imagen.

Así es exactamente como el «yo» y el «no yo» son imaginados por el pensamiento y superpuestos a la continua intimidad de la experiencia. El pensamiento imagina que nuestro yo-presencia consciente no imbuye *toda* la experiencia del mismo modo, sino que tan solo imbuye una pequeña parte de ella —o es íntimamente uno con una parte de ella—. Esta pequeña parte, el cuerpo y la mente, se convierten en el «yo» separado.

Todo aquello que no se ve imbuido por nuestro yo, todo aquello que nuestro yo no experimenta íntimamente, se considera ahora que está hecho de algo «distinto de nuestro yo», «distinto de la conciencia».

Esto que es «distinto de la conciencia» —el «no yo»— es conocido como «materia». Se trata de algo concebido por el pensamiento, pero que en realidad nunca es experimentado. De hecho, aunque los griegos inventaron la idea de la materia hace dos mil quinientos años, los científicos todavía no la han encontrado.

De esta manera, la creencia en la realidad de un mundo exterior independiente, distinto de la conciencia, es un corolario natural de la creencia en la realidad de un yo interior.

Ambas cosas siempre van juntas. Así, cuando el yo interior y separado se derrumba, el mundo exterior y separado se derrumba con él, dejando tan solo la intimidad del amor, en la que no hay lugar para la distinción, la separación o la división.

De este modo, nuestra experiencia del mundo siempre refleja y confirma nuestra comprensión: si pensamos que somos un yo limitado, localizado e interior, el mundo y los demás parecerán reflejarnos esta creencia de vuelta. Parecerán separados, distantes y ajenos. Por encima de todo, se verán o bien como fuente de paz, felicidad y amor o bien como amenazas a todo ello. En consecuencia, nuestra relación con los demás y con el mundo será siempre una relación de atracción y repulsión, búsqueda y resistencia.

Sin embargo, cuando se vuelve claro que no hay un yo interior separado, el mismísimo mundo confirma esta nueva comprensión en nuestra experiencia. Esta es la mágica naturaleza del mundo; parece confirmar tanto la creencia en la dualidad como la comprensión de la no dualidad.

En este colapso del yo interior separado y del mundo interior separado la experiencia se revela tal como es realmente. Ya no se ve o se siente que abarca la mente, el cuerpo y el mundo.

Nuestra experiencia de la mente, el cuerpo y el mundo se ve reducida, con esta comprensión experiencial, a una pura experiencia unitaria e íntima, y la sustancia de esta experiencia se revela a sí misma como pura conciencia. Encontramos que toda experiencia constituye una modulación de nuestro propio ser íntimo.

LA OCULTACIÓN DE LA PAZ Y LA FELICIDAD

Todos los objetos del cuerpo, la mente y el mundo —esto es, todos los pensamientos, sentimientos, sensaciones y percepciones— aparecen de la misma manera dentro de nuestro yo-presencia consciente.

Pero el pensamiento identifica nuestro yo exclusivamente con el cuerpo y la mente, y, como resultado, el mundo se proyecta fuera, a cierta distancia de nuestro yo, el cual consideramos ahora que se halla «dentro» de nosotros.

Con este pensamiento nuestro verdadero yo, o presencia consciente, que de hecho imbuye toda experiencia por igual, parece imbuir solamente el cuerpo y la mente, y, como resultado, parece convertirse en «yo, el cuerpo y la mente», aunque en realidad nunca se convierte en ello. Con esta creencia, un nuevo «yo» que parece vivir dentro del cuerpo parece empezar a existir. Como consecuencia de esta identificación exclusiva de nuestro yo con el cuerpo y la mente, las cualidades que son inherentes a nuestro ser se ven cambiadas por las cualidades características de los objetos limitados.

La naturaleza abierta, vacía, espaciosa, luminosa, siempre presente e indestructible de nuestro yo se ve eclipsada por esta asociación, y parecemos experimentarnos a nosotros mismos como limitados, fragmentados, contraídos y sujetos a nacimiento, transformación y muerte.

Esta asociación desemboca en lo que a continuación consideramos que es nuestro yo: una entidad física y mental que reside dentro del cuerpo. Como resultado, pensamos sobre nosotros mismos y nos sentimos a nosotros mismos como un yo interior y separado, que ya no se siente íntimamente uno con *todo* lo aparentemente manifestado, sino que se siente íntimamente uno con un único cuerpo y una única mente, ambos separados de las otras personas y del mundo.

A causa de esta asociación exclusiva de nuestro yo con un cuerpo y una mente, la paz, la felicidad y el amor que son inherentes a nuestra verdadera naturaleza pasan a estar velados.

El yo interior y separado que resulta de esta creencia se siente, por lo tanto, desprovisto de estas cualidades. Por este motivo el yo interior y separado, que es en realidad un yo imaginario, tiene siempre una misión en el mundo exterior: obtener la paz y la felicidad que considera que le faltan. De hecho, la búsqueda de la paz y la felicidad es la característica definitoria del yo separado.

El pensamiento que imagina que nuestro yo está contraído dentro del cuerpo y la mente, y que por lo tanto está limitado por ellos, es un ente frágil. Creemos que este ente frágil está hecho de la alianza entre nuestro yo-presencia consciente y una red de sensaciones corporales.

Esta singular mezcla de nuestro yo con las cualidades del cuerpo y de la mente da lugar a un falso yo separado que parece ser tanto consciente —puesto que está hecho esencialmente de nuestra verdadera naturaleza, que es conciencia—como limitado —porque parece compartir las limitaciones del cuerpo.

Así pues, esta nueva entidad parece compartir las características del cuerpo y la mente, así como su destino. Es decir, esta entidad separada siente que es esencialmente frágil y vulnerable —puesto que el cuerpo y la mente están hechos de pensamientos, sensaciones y percepciones que van y vienen—y, por lo tanto, siente que está sujeta a desaparición y muerte. Por esta razón el miedo a desaparecer o a morir, y la consiguiente necesidad de supervivencia psicológica, son los ingredientes esenciales del yo imaginario.

Con el fin de aliviar este miedo esencial, el yo interior busca fundamentar su frágil naturaleza con más creencias, sentimientos y asociaciones. Esto incluye nuestros recuerdos, esperanzas, fracasos, éxitos, logros y ambiciones, así como sentimientos de miedo, culpa, incapacidad, preocupación, ansiedad, arrepentimiento, etcétera, y también atributos físicos.

El resultado es que el yo interior separado crece como una compleja estructura hecha de pensamientos, sentimientos y sensaciones, y así se desarrolla como una identidad que tiene profundidad, peso, sentido, tamaño, ubicación, propósito, edad, nacionalidad, historia, destino, etcétera.

Todo esto mezclado es como una tela densamente tejida: cada hilo no es casi nada por sí mismo, pero entrelazados todos juntos se convierten en una apariencia de totalidad que da la impresión de significado, solidez y durabilidad. Esta tela tejida y colorida pasa a ser nuestra identidad.

Sin embargo, esta identidad es falsa. Está hecha de casi nada; tan solo de pequeños hilos coloreados, cada uno de los cuales es un pensamiento, sentimiento o sensación. Estos pensamientos, sentimientos y sensaciones interactúan los unos con los otros, pero están danzando alrededor de un centro vacío. Esta tela colorida es como una prenda que llevamos puesta, que parece vestir un yo interior del cual, de hecho, nunca tenemos la experiencia. Es tan solo una vieja prenda sin nadie en su interior. Cuando miramos dentro, únicamente encontramos vacío, espacio, transparencia: nuestro yo.

Y ¿quién «ve» nuestro yo, quién reconoce esta presencia transparente? Nuestro yo como presencia consciente es lo único consciente y presente que podría «ver» o reconocer esta presencia transparente y vacía. Así pues, cuando miramos dentro, hacia este yo aparentemente separado, surge un momento, y es siempre un momento sin tiempo, en que nuestro yo se reconoce a sí mismo.

A medida que nos acostumbramos a tomar nuestra posición como esta presencia vacía y transparente de conciencia, dejamos de añadir nuevos hilos al tejido denso y colorido del falso yo, el cual empieza a desgastarse. Se vuelve cada vez más raído.

La aparente solidez y durabilidad del yo interior separado es como esta prenda. Este yo está hecho de una colección de pensamientos y sentimientos que en sí mismos no son casi nada —¿qué sustancia tiene un solo pensamiento o sentimiento?—, pero que al agruparse dan la impresión de ser algo considerable. Los sentimientos son los más arraigados de estos elementos; llevan nuestro sentido de identidad profundamente dentro del cuerpo, y es por esta razón por lo que la sensación de separación —y la infelicidad que la acompaña— permanece a menudo mucho después de que haya tenido lugar una comprensión intelectual de la naturaleza del yo separado.

LA PAZ Y LA FELICIDAD NO SON ESTADOS DEL CUERPO NI DE LA MENTE

La paz y la felicidad no son estados del cuerpo o de la mente. Todos los estados del cuerpo y de la mente aparecen y desaparecen en la conciencia, no importa lo placenteros que sean.

Podemos pensar en la paz como en la ausencia de sentimientos de agitación o resistencia y en la felicidad como en la ausencia de sentimientos de carencia.

Esta ausencia de los sentimientos de agitación, resistencia y carencia es nuestra condición natural. Es inherente a nuestra verdadera naturaleza, que es la presencia consciente. El surgimiento del sentimiento de resistencia y carencia eclipsa la paz y la felicidad que están naturalmente presentes en nuestro interior y es responsable de la subsiguiente contracción de nuestro yo como una entidad aparentemente separada.

Esta entidad imaginaria se define por su rechazo al ahora y a lo que acontece en el presente, así como por su búsqueda de la paz y la felicidad en el futuro. De hecho, el yo separado no es una *entidad*; es la *actividad* de evitar y buscar.

Esta sensación o sentimiento de resistencia y carencia es el componente esencial del yo interior imaginario.

La resistencia nos empuja hacia el pasado; en cambio, el sentimiento de carencia nos hace *buscar* algo distinto a la situación actual, y esto nos impulsa hacia el futuro.

De esta manera, la resistencia y la búsqueda son las dos formas esenciales del yo separado y son responsables de evitar el ahora. Con el fin de evitar el ahora, tenemos que imaginar algo distinto del ahora, y este algo es el tiempo. Es así como el yo interior separado es el padre del tiempo.

Al pensar en la paz y la felicidad de esta manera —como *ausencia* de agitación y carencia, en vez de estados *positivos* del cuerpo o la mente—, no las convertimos en objetos que puedan ser buscados en el ámbito de la mente, el cuerpo y el mundo, sino que permanecen como sinónimas del conocimiento que tenemos de nuestro ser siempre presente tal como este es —independiente de las condiciones de la mente, el cuerpo o el mundo.

Cuando nuestra condición natural de paz y felicidad se ve eclipsada por la actividad de búsqueda y resistencia del pensamiento, el cuerpo recibe un profundo impacto. De hecho, pasa a ser un reflejo de las actividades de la mente.

Este reflejo toma la forma de una red de tensiones en el cuerpo que parece albergar el sentido de separación y que se hace pasar por un yo separado, interior.

Con los años esta tensión pasa a ser crónica; está encerrada en todos los niveles corporales y se expresa en nuestras posturas, gestos, movimientos, actividades y relaciones.

Cuando la actividad del pensamiento de resistir y buscar se ve temporalmente aliviada al conseguirse una determinada situación, relación u objeto, el yo interior separado se disuelve y, en ese momento intemporal, nuestra verdadera naturaleza de paz y felicidad, que ha permanecido inadvertida en el trasfondo todo el rato, se revela.

Como resultado de esta disolución, las tensiones del cuerpo y la mente, que habían estado previamente implicadas en expresar la actividad de resistencia y búsqueda del yo interior separado, se ven momentáneamente mitigadas y, en consecuencia, el cuerpo y la mente se inundan con un sentimiento de alivio y relajación.

Este es sencillamente el efecto secundario del cese de la actividad crónica de resistir y buscar que caracteriza al yo aparentemente separado. Sin embargo, este efecto secundario se confunde habitualmente con la paz y la felicidad. Así, nuestra verdadera naturaleza de paz y felicidad incondicional se convierte en un objeto del cuerpo y de la mente.

Todos los objetos del cuerpo y de la mente son, por definición, temporales, y aun así todo el mundo busca la paz y la felicidad permanentes. De ahí que la gran mayoría de la humanidad se halle persiguiendo la paz y la felicidad permanentes en un objeto temporal —un estado del cuerpo y la mente— y de ahí que la búsqueda de la paz y la felicidad, de las cuales la búsqueda espiritual no es más que un refinamiento, esté destinada al fracaso.

Es así como la mayor parte de la humanidad se encuentra en un perpetuo estado de insatisfacción, buscando algo que no puede encontrarse en la forma en que lo concibe, y así pues está destinada a un inevitable e inacabable ciclo de insatisfacción, marcado por breves momentos de respiro.

Sin embargo, puesto que este respiro es malinterpretado como un estado del cuerpo y la mente, el ciclo se perpetúa de forma indefinida. Como consecuencia, la mayor parte de las personas viven en un estado de conflicto más o menos sutil que se manifiesta con los amigos y en las relaciones íntimas, en adicciones a sustancias y actividades y, a mayor escala, en comportamientos que amenazan a la mismísima especie humana y al planeta.

EL YO SEPARADO ES UNA ACTIVIDAD, NO UNA ENTIDAD

El proceso de resistir y buscar que constituye la experiencia de la infelicidad o sufrimiento es una actividad que implica pensamiento y sentimiento. El yo separado no es una entidad como tal. Más bien *es* esta actividad de resistir y buscar.

Cuando esta actividad de resistir y buscar llega a su fin, el yo aparentemente interior y separado llega a su fin. Esta actividad de pensar y sentir aparece en nuestro yo-presencia consciente, de modo que, cuando esta actividad finaliza, todo lo que permanece es nuestro yo. En otras palabras, yo-presencia consciente dejo de conocer la actividad de pensar y sentir y permanezco abierto y vacío, tan solo conociendo mi yo. Este simple conocimiento de mi yo, el simple conocimiento de mi propio ser, es la experiencia de la paz y la felicidad.

Este momento es intemporal, porque cuando no hay pensamiento no existe el tiempo. De hecho, la intemporalidad de la paz, la felicidad, la belleza y el amor es una experiencia familiar y común. Cuando decimos que «tanta belleza me quitó el aliento», queremos decir, en realidad, que nos vimos transportados a un momento de absoluta quietud en el que no había espacio para el movimiento del pensamiento.

Sin pensamiento, como hemos visto, no hay resistencia o búsqueda, y por lo tanto tampoco está el yo interior separado. Sin yo interior tampoco existe ningún objeto, persona o mundo exterior, puesto que ambos son dos aspectos de la misma creencia errónea. Todo lo que permanece es la indescriptible intimidad del puro ser, que es paz, felicidad y amor en sí mismo. En otras palabras, la paz y la felicidad son sinónimas de la disolución del yo imaginario.

Es por eso por lo que el yo imaginario no puede *encontrar* nunca la paz y la felicidad que busca. Su misma actividad de buscar evita que la paz, la felicidad y el amor que están siempre presentes justo «detrás» del pensamiento de búsqueda sean conocidos o experimentados. Sin embargo, el yo interior e imaginario no puede *parar* de buscar.

De modo que el yo interior imaginario es la infelicidad misma. De la misma manera, la paz, la felicidad y el amor —el simple conocimiento que tenemos de nuestro propio ser o el conocimiento que tiene la conciencia de sí misma— son sinónimos de la disolución de la actividad que *es* el yo interior separado.

Esta es la razón por la cual el yo separado no puede experimentar nunca la felicidad. El yo separado es como una polilla que busca una llama, anhelando unirse con ella. En el momento en que toca la llama, muere. La muerte de la polilla es su unión con la llama. *Se convierte* en la llama. Esta es la única manera que tiene de conocerla. El yo separado no puede experimentar la paz, la felicidad y el amor. Tan solo puede morir en ellos.

Como la polilla y la llama, el yo separado que imaginamos que somos se convierte en la llama cuando la toca. En ese momento intemporal, la resistencia y la búsqueda llegan a su fin, y llega asimismo a su fin el yo imaginario, interior. Todo lo que queda es la llama en la que el yo imaginario se ha consumido. Todo lo que queda es nuestro ser esencial.

De hecho, no *nos convertimos* en nada. Lo que ocurre es que nuestra identidad —que es siempre solamente la misma presencia consciente, sea o no reconocida— se ve aliviada de las creencias y sentimientos que se le habían superpuesto, que parecían convertirla en una entidad separada, limitada, y es devuelta a su condición natural, en la que no hay ninguna resistencia o búsqueda. Todo lo que queda es la continua intimidad de la experiencia, en la que no hay ningún tiempo en que un pensamiento pueda surgir y dar lugar a un yo separado, y a partir de ahí a objetos, personas y un mundo separados. Justamente ahí, en esa intemporalidad, brillando en el centro de toda experiencia, esperando solamente nuestro reconocimiento, residen la paz, la felicidad y el amor que anhelamos.

Cuando el yo imaginario es despojado de las creencias y sentimientos que lo confinan a un pequeño rincón de la experiencia —ese pequeño grupo de pensamientos y sentimientos llamado el cuerpo y la mente—, se revela como el único yo que hay, e imbuye íntimamente toda experiencia por igual.

No nos convertimos en eso; *siempre hemos sido* solamente eso.

Liberado de la camisa de fuerza que parecía mantenerlo confinado dentro de los límites del cuerpo y la mente, el yo se reconoce a sí mismo tal como es. Este simple reconocimiento de nuestro propio ser es la experiencia transparente de la paz, la felicidad y el amor.

Cuando el cuerpo y la mente reaparecen, están saturados de la paz de nuestra verdadera naturaleza. Ambos se ven reorquestados por esta experiencia intemporal de paz, felicidad y amor, y todo tipo de estados placenteros pueden aparecer en ellos como resultado.

La naturaleza de estos estados puede variar: en el caso de algunas personas pueden ser extraordinarios y exóticos; en el caso de otras, tal vez sean menos extraordinarios y se parezcan más a una disolución.

Sin embargo, estos estados inevitablemente se disipan con el tiempo. Si creemos que la paz, la felicidad y el amor *son* estos estados del cuerpo y de la mente, pensaremos, inevitablemente, que la paz, la felicidad y el amor han desaparecido con ellos y saldremos de nuevo en su busca. El yo separado se recrea con esta búsqueda, mientras que nuestra verdadera naturaleza resulta de nuevo velada.

Para muchos de nosotros, el sueño profundo constituye el principal acceso a la paz y la felicidad de nuestra verdadera naturaleza. En el sueño profundo, nuestro yo real se ve

despojado, de un modo natural, de la carga de ser un yo imaginario, interior y separado. ¡Es por ello por lo que el sueño
profundo aporta paz, y por lo que lo esperamos con ganas!

Cuando el cuerpo y la mente se despiertan del sueño
profundo por la mañana, emergen saturados de la paz de
nuestra verdadera naturaleza. Sin embargo, en la mayoría de
los casos, la pronta aparición de la mente supone el inicio de
una nueva ronda de resistencia y búsqueda.

El yo interior imaginario es vuelto a crear con este rechazo del ahora y se aventura de nuevo en el «país lejano», en
un mundo imaginario que está fuera, separado y a cierta distancia de dicho yo, buscando la paz que estaba presente en el
sueño y que ahora aparece velada por el mismo deseo de ella.

Este es el destino del yo separado. Aparece definido por
su insaciable anhelo de paz, felicidad y amor, y vive en lo que
es tradicionalmente conocido como infierno. Pero el infierno no es un lugar. Es un estado, el estado en el que uno cree
que es un yo interior y separado, desgajado de los demás y
del mundo, de tal manera que busca incesantemente la paz,
la felicidad y el amor en un futuro inexistente, consumido y
sostenido por su propia actividad, deseando una única cosa
—su propia muerte, su propia disolución— y a un tiempo re-
sistiéndose a ella con la misma intensidad, de modo que se
perpetúa a sí mismo sin fin.

Algunas llamadas tradiciones espirituales instituciona-
lizan este anhelo de una manera más refinada y lo eternizan
con formas más sutiles de búsqueda y práctica, perpetuando
así el yo imaginario y la infelicidad que le es inherente.

Más pronto o más tarde, por medio de un sufrimiento
excesivo, de la inteligencia o por ningún motivo aparente, se

vuelve claro que aquello que anhelamos está solamente velado por el anhelo que sentimos.

Algunas personas examinan su experiencia y llegan a esta conclusión; otras llegan a esta conclusión y después examinan su experiencia. No importa cómo ocurra. Lo que de verdad cuenta es que se ve claramente que el yo separado que imaginábamos que éramos no existe ni ha existido nunca en absoluto.

Cuando el yo separado se derrumba, el yo verdadero brilla. Sin embargo, este yo verdadero no es ningún tipo de entidad u objeto, como un cuerpo o una mente; tampoco se encuentra a sí mismo nacido en el mundo, envejeciendo y destinado a morir.

Abandonamos la experiencia desde el punto de vista de alguien que conoce, siente, ama o percibe —desde el punto de vista de un centro o ubicación en el que o desde el que se siente y se cree que toda experiencia tiene lugar—. En vez de esto nos encontramos ilimitados e ilocalizados, presentes en todas partes y en todo, íntimamente uno con todo lo aparentemente manifestado pero no hechos de nada de ello. Ya no podemos seguir confinándonos a un pequeño rincón de la experiencia sino que nos hallamos expandidos por toda la superficie de la Tierra, tocando por igual todas las cosas aparentes.

Este sentimiento no es nuevo o extraño. Al contrario, es familiar; siempre lo hemos conocido. Se parece más a un reconocimiento. Nos sentimos como en casa.

LA FELICIDAD NUNCA ESTÁ AUSENTE

Pregunta: *A menudo soy consciente de que soy infeliz, pero no siempre siento que estoy buscando.*

La ausencia de paz y felicidad es la experiencia que conocemos como sufrimiento o infelicidad y va siempre acompañada de una búsqueda para recuperarlas. No es posible sufrir y no estar buscando la paz y la felicidad.

El yo-presencia consciente no se resiste a nada ni le falta nada. Sencillamente, la conciencia no conoce la carencia ni la resistencia. Es muy fácil comprobar que esto es verdad en nuestra experiencia. Con el fin de experimentar algo, esta cosa aparente debe aparecer primero en la conciencia y, para ello, la conciencia tiene que haberle dicho «sí» previamente.

Podríamos comparar la conciencia con el espacio vacío de la estancia en la que nuestro cuerpo está sentado. El espacio de la estancia es inherentemente abierto, vacío y espacioso. No tiene la capacidad de resistirse a lo que sea que aparezca en él. Sea lo que sea lo que aparezca en la estancia, ya ha sido «aceptado» por el espacio. Esta apertura o «permiso» a lo que sea que ocupe ese espacio no es una cualidad que el espacio encienda y apague a voluntad; es inherente a su naturaleza.

Nuestro yo-presencia consciente es similar. Este «sí» abierto, vacío, permisivo y absoluto a todo lo que aparece es lo que nuestro yo *es*; no es lo que *hace*.

La conciencia tan solo conoce el «sí». Si el pensamiento no apareciese en ella, no habría nada que pudiese decir «no» o que pudiese resistirse a la aparición o situación del momento. Por lo tanto, antes del surgimiento del pensamiento no hay búsqueda —no existe el rechazo de la situación presente o el deseo de que sea otra.

De hecho, sin la aparición del pensamiento la experiencia es demasiado íntima incluso para ser conocida como «algo», por ejemplo como un cuerpo, mente, mundo o «situación».

Tan solo existe la indescriptible, pura y continua intimidad de la experiencia. En esta intimidad no hay lugar para ningún sentimiento de carencia, y por lo tanto es conocida como felicidad; no hay lugar para la resistencia, y por lo tanto es conocida como paz; no hay lugar para la separación o la otredad, y por lo tanto es conocida como amor.

Por esta razón se dice que la paz, la felicidad y el amor son cualidades inherentes a nuestro yo, a nuestra conciencia. En realidad, no son cualidades. La paz, la felicidad y el amor tan solo son otros nombres para la conciencia, esto es, otros nombres para nuestro yo.

Pregunta: *Si la paz y la felicidad son inherentes a nuestra verdadera naturaleza ¿por qué no son siempre experimentadas?*

¿Cómo es posible que la paz, la felicidad y el amor estén a la vez siempre presentes y aun así no hayan sido todavía experimentados?

Esto es debido a un solo pensamiento que aparece en la presencia consciente. Este pensamiento afirma que nosotros no somos la presencia consciente que *conoce* nuestros pensamientos, sentimientos, sensaciones y percepciones, sino que *somos* un pensamiento, sentimiento, sensación o percepción.

Con la aparición de este pensamiento *parece* que dejamos de ser y conocer nuestro yo como presencia consciente, y en vez de eso nos convertimos en un ente limitado y localizado —un cuerpo y una mente—. Es como consecuencia de este pensamiento por lo que las cualidades inherentes a la presencia consciente —la paz, la felicidad y el amor— pasan a estar veladas.

En realidad nunca dejamos de ser esta presencia consciente, y tampoco desaparecen las cualidades que son inherentes a nosotros. Tan solo *parece* que nos convertimos en alguna otra cosa —un cuerpo y una mente limitados, localizados— y, como resultado, la paz y la felicidad de nuestra verdadera naturaleza parecen ser veladas.

En vez de conocer nuestro yo como la paz y la felicidad que prevalecen en el trasfondo y en el núcleo de toda experiencia, parece que conocemos nuestro yo como un objeto limitado y localizado del cuerpo y de la mente.

Nuestro yo se ve degradado desde el espacio abierto y vacío de la presencia consciente a un objeto limitado y, como consecuencia, nuestra naturaleza esencial prescinde de sus cualidades inherentes de paz, amor y felicidad y, en lugar de eso, parece asumir las cualidades de los objetos. Es así como pasamos a estar limitados, sujetos a desaparición y cambio y, en última instancia, destinados a morir.

De todos modos, la paz, la felicidad y el amor nunca desaparecen realmente. Están siempre disponibles en el núcleo de toda experiencia y se dan a conocer cuando toda búsqueda y resistencia —esto es, cuando la actividad que caracteriza al yo interior separado— se disuelve. En ese momento, que es intemporal, experimentamos la paz y la felicidad siempre presentes de nuestra verdadera naturaleza. De hecho, ello se experimenta a sí mismo.

En otras palabras, tan solo existen la paz, la felicidad y el amor o la ocultación de todo ello, pero nunca su ausencia.

❇

Pregunta: *A menudo me siento feliz cuando adquiero algo y, sobre todo, a menudo siento amor hacia una persona. Parece razonable, por lo tanto, concluir que los objetos y las personas son responsables de la felicidad y el amor.*

Una vez que el pensamiento del yo interior separado ha aparecido y nuestro yo-presencia consciente se ha contraído aparentemente dentro del cuerpo, la felicidad y el amor que son inherentes al simple conocimiento de nuestro propio ser están, por definición, velados.

Por este motivo el yo interior imaginario, que es el resultado de esta conjunción de nuestro yo con un fragmento de la experiencia, es inherentemente infeliz, de modo que está siempre buscando en el mundo exterior imaginario la felicidad y el amor perdidos.

Esta búsqueda tiene un impacto en el cuerpo y la mente, que experimentan un estado de tensión, agitación y malestar cuyo alivio se busca con la adquisición de objetos o relaciones.

En muchos casos este estado de agitación y tensión pasa a ser la característica definitoria de la persona, cuya vida entera está más o menos sutilmente orientada hacia el alivio de este estado de tensión por medio de actividades, sustancias y relaciones.

Cuando se consiguen el objeto o la relación deseados, esta actividad de búsqueda cesa brevemente. Con el fin de la búsqueda, la felicidad y el amor que son la condición natural de nuestro yo dejan de estar velados y, como resultado, brillan por un momento en nuestra experiencia.

De hecho, no brillan por un momento, porque, en ausencia de la mente, no hay tiempo. Brillan eternamente, intemporalmente, ahora.

De todos modos, esta adquisición de un objeto o relación no *produce* este amor o felicidad. Lo que hace es *poner fin* a la búsqueda temporalmente y, así, al estado de tensión y agitación que la acompañaban. Esto permite que el amor y la felicidad que permanecían ocultos en silencio tras dicha búsqueda sean plenamente sentidos.

De hecho, la felicidad y el amor se sienten siempre, pero, modulados a través del prisma del pensamiento del yo separado, se experimentan como un estado de anhelo o deseo.

De ahí que incluso los estados agitados de anhelo y deseo sean una expresión de nuestra felicidad innata. Incluso el odio proviene del amor.

La tensión y la agitación del cuerpo y la mente se ven temporalmente aliviadas como consecuencia de esta disolución del yo separado y una ola de paz, ligereza o alegría puede fluir a través del cuerpo y la mente como resultado. Estas olas no son más que los efectos secundarios de la experiencia transparente e intemporal de la felicidad y la paz, la cual no es una experiencia del cuerpo y la mente.

Cuando el cuerpo y la mente, después de su zambullida, regresan a nuestra verdadera naturaleza, a menudo parecerá que se han visto limpiados de las tensiones y agitaciones que antes habían estado presentes, y experimentarán estados placenteros.

Sin embargo, si el yo separado no ha sido claramente visto como absolutamente inexistente, una nueva ronda de pensamientos y sentimientos por parte del yo imaginario inscribirán de nuevo las características de la resistencia y la búsqueda en el cuerpo y la mente; como resultado, las tensiones y ansiedades acostumbradas reaparecerán en ellos.

En cambio, si se ha experimentado con claridad que el yo interior separado es y ha sido siempre inexistente, no será recreado. Sin embargo, esto no significa que los viejos restos de su existencia imaginaria serán erradicados del cuerpo y la mente como consecuencia de esta disolución en nuestra verdadera naturaleza.

Ocurre algo semejante a cuando las olas rompen en la playa y van borrando, gradualmente, los dibujos que los niños han hecho en la arena. Con cada ola una parte del dibujo desaparece, pero el borrado completo puede requerir muchas olas, en función de la profundidad de los trazos.

De la misma manera, los restos de los pensamientos y sentimientos del yo interior separado dejan cicatrices en la mente y particularmente en el cuerpo. Puede requerir algún tiempo, varios años en algunos casos, que estas cicatrices lleguen a verse auténticamente permeadas por la transparencia, la apertura y el amor de nuestra verdadera naturaleza.

DESEANDO EL FINAL DEL DESEO

La mente no sabe nada de la felicidad y el amor. Y es precisamente la disolución de la mente lo que permite que el amor y la felicidad siempre presentes, pero a veces aparentemente velados, brillen en nuestra experiencia de manera intemporal.

De hecho, no brillan «por un breve momento» más de lo que el sol brilla por un breve momento cuando las nubes se separan. Están siempre brillando, como lo hace el sol.

La experiencia del amor y la felicidad es siempre intemporal. ¿Siempre? ¿Dónde está el «siempre» si no existe el tiempo? Tiene lugar ahora. ¿Ahora? Y ¿dónde está el «ahora» si no existe el tiempo? La mente no puede ir a la intemporalidad, aunque esté nadando en ella.

Es el pensamiento el que traslada la experiencia intemporal del amor y la felicidad, durante la cual no estaba presente, a su propio lenguaje de tiempo y espacio. «Un breve momento» es la mejor manera como la mente puede definir la intemporalidad de nuestra verdadera naturaleza.

Cuando la mente no está presente, la aparente división de la experiencia en un yo interior separado y un mundo exterior separado deja de nublar la verdadera naturaleza de la experiencia. Así, el amor y la felicidad no son nunca la experiencia de un yo interior que conoce, ama o percibe alguna parte de un mundo exterior. El amor y la felicidad están intemporalmente presentes.

El amor y la felicidad nunca son experiencias que el yo separado pueda tener. Son la muerte o disolución de la entidad separada que pensamos y sentimos que es nuestro yo. Es por eso por lo que el amor y la felicidad nos gustan tanto y por lo que tienen un efecto tan profundo en el cuerpo y en la mente.

En otras palabras, aquello que verdaderamente amamos o anhelamos no es nunca un objeto o una persona. Si un objeto o una persona fueran realmente la fuente del amor y la felicidad, una vez alcanzados continuarían proporcionándonos la felicidad y el amor que buscábamos. De hecho, ¡no habría más búsqueda! Pero todos sabemos lo suficientemente bien que objetos o personas que una vez parecieron proporcionarnos felicidad o amor pueden convertirse con facilidad en aparente fuente de infelicidad.

Lo que realmente deseamos es vernos liberados del estado de tensión agitada que ha imbuido el cuerpo y la mente durante tanto tiempo y aparentemente ha velado el amor y la felicidad que están siempre presentes dentro de nosotros.

Así pues, anhelamos el fin del anhelo; deseamos el fin del deseo. Tan solo anhelamos la paz, la felicidad y el amor que *son* nuestra verdadera naturaleza.

Todos los deseos son el deseo de regresar al yo del que parecemos habernos extraviado.

¿Quién es el que se ha extraviado de su verdadero yo?

Obviamente, no nuestro verdadero yo. La presencia consciente se halla «siempre» descansando en la paz de su verdadera naturaleza. Es tan solo un yo imaginario el que parece extraviarse en un «país lejano» y después busca regresar. Sin embargo, este yo imaginario es un yo real solamente desde su propio punto de vista. Desde el único punto de vista verdadero, que no es un punto de vista, este yo imaginario no existe. Tan solo existe el amor y la ocultación del amor, pero nunca la ausencia de amor.

Una vez que se ha vislumbrado claramente todo el mecanismo del cubrimiento de la felicidad y el amor, la subsiguiente búsqueda de estos en el imaginario mundo exterior, el colapso de esta búsqueda y el desvelamiento de ambos, se desencadena un profundo cambio en nuestra vida.

No nos acercamos a los objetos, a los demás y al mundo con las mismas exigencias y expectativas y, en consecuencia, nuestros pensamientos, sentimientos, actividades y relaciones se ven aliviados de una tremenda carga. De todos modos, sería un error pensar que todos los deseos son expresiones de la creencia en la separación y de la sensación de separación. No lo son.

Hay dos tipos de deseos esenciales: uno es iniciado por el pensamiento del yo interior separado y siempre busca obtener amor y felicidad por medio de un objeto, situación o persona. El otro procede directamente de nuestro ser y no está modulado por el sentido de la separación, y se expresa, se comparte y se celebra a sí mismo en el mundo de la forma, esto es, por medio de los objetos, las actividades y las relaciones.

En otras palabras, uno va *hacia* el amor y la felicidad; el otro *viene* de ellos. En última instancia *todos* los deseos son una expresión de la paz, la felicidad y el amor que *es* nuestro yo, pero si esto no es claramente comprendido, la felicidad y el amor parecerán ser siempre el objetivo de nuestras actividades y relaciones más que su fuente.

EL FRACASO DE LA BÚSQUEDA

La contracción de nuestro yo dentro de una entidad limitada y localizada es la causa de toda infelicidad psicológica.

Aunque *en realidad* nunca pasamos a ser una entidad limitada y localizada, la ilusión de ello es tan fuerte que la mayoría de nosotros nos pasamos toda la vida pensando, sintiendo, actuando y relacionándonos en nombre de la entidad separada que el pensamiento imagina que es nuestro yo.

La paz y la felicidad que residen en nuestro yo derivan del conocimiento innato de nuestro ser tal como es —su íntimo conocimiento de sí mismo.

Este no es un conocimiento intelectual, aunque pueda expresarse en términos intelectuales. Es un conocimiento que se deriva de la intimidad de nuestro ser y es previo al surgimiento del pensamiento. No es extraordinario o poco familiar. De hecho, es el pensamiento el que tiende a tapar esta comprensión y hacerla parecer desconocida.

De todos modos, el pensamiento no puede ocultar nunca nuestra naturaleza esencial, de la misma manera que una imagen, no importa lo oscura que sea, no puede ocultar nunca la pantalla en la que aparece. Si la paz y la felicidad de nuestra verdadera naturaleza se viesen realmente ocultadas, no sabríamos qué anhelar. Es precisamente porque la luz de la paz y la felicidad brilla incluso en nuestros momentos más oscuros por lo que nos sentimos motivados a buscarlas.

De hecho, no es el yo separado el que busca la paz y la felicidad. El yo separado es un objeto –un pensamiento o un sentimiento–, y un objeto no puede hacer nada, y mucho menos buscar la felicidad. Más bien la búsqueda de la paz y la felicidad es la experiencia de la paz y la felicidad modulada por el sentido de la separación.

En otras palabras, solo existe la felicidad o el anhelo de la felicidad, pero nunca la ausencia de felicidad; tan solo existe el amor o el cubrimiento del amor y la subsiguiente búsqueda de este, pero nunca su ausencia.

Esta comprensión está bellamente expresada en esta oración cristiana: «Señor, Tú eres el amor con el que Te amo».

Por lo tanto, la búsqueda de la paz, la felicidad y el amor es inherente a la creencia y la sensación de que somos un yo interior separado. Si comparamos la felicidad con una olla de agua hirviendo, el yo interior separado es como una tapa que está firmemente colocada en la olla. Se trata de una constricción de nuestra verdadera naturaleza, de un nudo alrededor del corazón.

La presión que va en aumento en la olla es la forma esencial de resistencia y búsqueda que define al yo separado, la cual se ve modulada por nuestra adicción a las sustancias y actividades por medio de las cuales esperamos obtener la felicidad. Esta adicción es leve al principio, pero crece en intensidad con el tiempo.

De la misma manera, nuestro yo sabe que es íntimamente uno con todas las manifestaciones aparentes, a la vez que está inherentemente libre de ellas. Nuestro yo sabe, de una manera no verbal, que no comparte el destino del cuerpo y la mente.

Experimentamos vívidamente esto cada vez que dormimos por la noche. Sin embargo, al despertar y por medio de un acto de razonamiento enrevesado, malinterpretamos la experiencia del dormir, en la que descansamos profundamente en nuestra esencial naturaleza de paz, y por lo tanto pasamos por alto la oportunidad que representa.

Nuestro yo no necesita ni quiere nada del cuerpo o de la mente, y no digamos ya del mundo ni de nadie, ni teme su destino final —su desaparición o muerte—, puesto que sabe que este destino no es el suyo. Esta libertad inherente respecto del miedo a la muerte o la desaparición es lo primero que se vela cuando nuestro ser es presa de la creencia y la sensación de la separación. De hecho, podría decirse que todas las actividades aparentes del yo interior separado están solo destinadas a aliviar este miedo a la muerte.

El anhelo de felicidad y el miedo a la muerte son, realmente, dos aspectos del mismo síndrome. Este síndrome es el yo interior imaginario. Tal vez las futuras generaciones diagnosticarán un día este síndrome, que es sufrido por la inmensa mayoría de la humanidad y que es la causa principal de la mayor parte de la infelicidad psicológica. De ahí que el aparente yo interior separado esté siempre en una misión: la de conseguir obtener la felicidad por medio de los objetos y las relaciones del mundo, que él concibe que están fuera de él, y la de intentar mitigar desesperadamente su obsesivo miedo a la muerte. El yo separado arde entre estos dos fuegos.

Tarde o temprano, puede comenzar a abrirse paso en nosotros la comprensión de que esta actividad de evasión y búsqueda está destinada al fracaso.

Esto puede venir como un sentimiento de desesperanza, frustración o desesperación. Cuando esto sucede, el proceso normal del pensamiento, por medio del cual se ve perpetuada la ilusión del yo interior, no encuentra adónde más dirigirse en su búsqueda de satisfacción.

En este caso la resistencia y la búsqueda pueden cesar, al menos temporalmente, lo cual permite que la luz de la paz que permanece silenciosamente tras cada pensamiento o impulso de búsqueda sea brevemente atisbada.

En otros casos, el mismo pequeño vislumbre puede obtenerse por medio de investigar y explorar la propia experiencia. Si, durante esta exploración, tenemos el valor de afrontar los factores de la experiencia con sencillez y honestidad, el pensamiento de evasión y búsqueda puede también cesar, puesto que el yo imaginario es incapaz de soportar que se lo vea con claridad. De esta manera, la proia búsqueda llevará a la búsqueda a su propio final.

También puede ocurrir que la degustación de nuestra propia naturaleza —la degustación de sí misma, no modificada por el pensamiento y el sentimiento del yo separado— tenga lugar sin ningún motivo aparente.

Este momento, como quiera que aparentemente se desencadene, es un momento decisivo en nuestra vida. Si tenemos el valor de no pasar por alto su significación y de no regresar a las formas habituales de pensar y sentir, marca el principio del fin del yo separado. Es el momento en que el hijo pródigo se da la vuelta.

Durante décadas hemos estado mirando hacia los objetos del cuerpo, la mente y el mundo para que nos proporcionaran la paz, la felicidad y el amor que anhelamos. Ahora nos damos la vuelta y miramos en la única dirección que queda: hacia quien está buscando. ¿Quién es este ente insaciable que vive en la zona de la cabeza y del pecho y que aparentemente está dictando nuestros pensamientos, sentimientos, actividades y relaciones?

Empezamos a andar nuestro camino de vuelta a través de nuestros pensamientos, sentimientos, sensaciones y percepciones buscando al que mora en el centro de ellos. En algún momento, esta exploración llega a un punto crítico: sencillamente, no encontramos al yo interior alrededor del cual nuestra vida ha girado durante tantas décadas.

Al principio, esta investigación puede estar confinada a nuestros pensamientos, pero mucho después se hace evidente que el yo separado no reside en la mente, puesto que la sensación que se halla localizada en el cuerpo normalmente permanece. De hecho, y con mucho, la parte más grande del yo interior imaginario consiste en esta sensación. Esta comprensión puede desencadenar una exploración mucho más profunda de la sensación del yo que está en nuestro cuerpo.

Llega el punto en que vemos con claridad, lo que significa que lo comprendemos experiencialmente, que el yo interior separado es un falso yo. Jamás estuvo ahí. Lo único que hay es nuestro verdadero yo que es presencia consciente, ilimitado y no localizado, pero aparentemente velado por la creencia y la sensación de que reside dentro del cuerpo y la mente y comparte sus cualidades y su destino.

Esto puede sentirse al principio como un retorno a nuestro yo, pero de hecho no tiene lugar tal regreso. ¿Quién está ahí que pueda volver? El único que regresaría al yo real es un yo imaginario. Y jamás hemos sido, ni por un momento, otra cosa que nuestro verdadero yo. Es decir, ni por un momento ha existido nada distinto de este yo.

De todos modos, no se trata de *nuestro* yo. Este yo no nos pertenece; es impersonal. Todo lo que ha ocurrido es que nuestro ser esencial ha sido despojado de capas de creencias y sensaciones que se le habían superpuesto.

Aunque ni tan solo esto es verdad. La aparición de una imagen en una pantalla no la oculta ni siquiera parcialmente, si bien hace que la pantalla parezca ser algo distinto de lo que es. Lo mismo ocurre con las creencias y sensaciones de ser una entidad separada. Parecen ocultar nuestra verdadera naturaleza, pero no lo hacen. Sin embargo, la ilusión de ello es muy fuerte, lo suficientemente fuerte como para convencernos de que la paz, la felicidad y el amor están ausentes y tienen que encontrarse en los objetos, las actividades y las relaciones.

Con esta comprensión, se percibe con claridad que el yo interior es y ha sido siempre absolutamente inexistente. A esta comprensión se le da el nombre exótico de iluminación o despertar, pero es, más sencillamente, el conocimiento de nuestro propio ser, el conocimiento que dicho ser tiene de sí mismo. Esto es el fin de la ignorancia —la ignorancia de nuestra verdadera naturaleza.

Puesto que esta comprensión fue, hasta épocas recientes, más plenamente explorada y explicada en culturas extranjeras, se la asocia a menudo con el condicionamiento cultural con que fue expresada. Esto llevó inevitablemente a muchos malentendidos, desde el momento en que no se distinguió con claridad entre el condicionamiento cultural y la naturaleza universal de la verdad a la que se estaba señalando.

Uno de los principales malentendidos es la creencia de que cuando pasa a estar claro que no existe un yo interior separado, las expresiones de ignorancia que dominaron al cuerpo y a la mente durante tanto tiempo desaparecen de inmediato. Este no es el caso.

El cuerpo y la mente son muy buenos servidores; hacen lo que están entrenados para hacer. Durante décadas han sido entrenados para servir a un imaginario yo interior y la gran mayoría de los pensamientos, sentimientos, actividades y relaciones de la mayor parte de las personas están consagrados a satisfacer las demandas voraces de este yo imaginario.

Cuando pasa a estar claro que este yo no existe, la creencia en él ya no es alimentada, pero los viejos hábitos de pensar, sentir, actuar y relacionarse en nombre de él continuarán inevitablemente durante algún tiempo.

Así pues, aunque la comprensión experiencial de que no hay ningún yo interior separado significa el final de un capítulo, empieza otro: la colonización del cuerpo, la mente e incluso el mundo con esta comprensión experiencial.

La creencia en la separación y las numerosas maneras en que esta creencia se ha manifestado en nuestros pensamientos sucumben con relativa rapidez, en la mayoría de los casos, ante nuestra nueva comprensión experiencial, pero normalmente nos requiere mucho más tiempo cambiar la manera en que sentimos el cuerpo y percibimos el mundo.

La sensación del yo separado se ha visto establecida a lo largo de los años, la mayor parte de las veces, como una capa sobre otra de sentimientos en el cuerpo. Requiere tiempo, valor y sensibilidad exponer estas capas a la luz de la comprensión y disolver su densidad y «yoidad».

De la misma manera, requiere tiempo que la solidez y la otredad del mundo pierdan su carácter de «no yoidad» y se revelen como una modulación de la luz de nuestro propio ser íntimo.

Nuestro ser ha asumido durante mucho tiempo las características que pertenecen propiamente al cuerpo y la mente: local, temporal, limitado, sólido, sujeto a nacimiento, destinado a morir, etcétera. Ahora que esta asociación ha sido abandonada, el cuerpo y la mente, e incluso el mundo, empiezan a ser permeados por las cualidades que son inherentes a nuestro yo. Es así como se vuelven progresivamente luminosos, abiertos, vacíos, transparentes y pacíficos, en una interminable disolución de toda forma en la presencia. Todo empieza a brillar con la luz de nuestro propio ser. Este es el significado de la transfiguración en la tradición cristiana.

CUARTA PARTE

EL CUERPO

LA SENSACIÓN DE SEPARACIÓN EN EL CUERPO

La sensación de separación empieza con un pensamiento que identifica nuestro yo exclusivamente con un cuerpo. Desde el momento en que surge este pensamiento —y siempre surge *ahora*—, nuestra verdadera naturaleza de presencia transparente parece convertirse en un yo denso, sólido y material, es decir, parece convertirse en un cuerpo.

No solo *pensamos* que somos un yo limitado y localizado; también lo *sentimos*.

Todos los pensamientos que giran alrededor de un imaginario yo interior tienen un eco o huella en el cuerpo que dura hasta mucho después de que el pensamiento de separación se haya disuelto. De esta manera, el cuerpo se convierte en un refugio seguro para la sensación de separación.

Podemos hablar sin parar sobre la ilimitada naturaleza de la conciencia, pero, mientras tanto, el yo interior separado está cómodamente instalado en el cuerpo todo el rato.

De hecho, hablar sin cesar sobre la naturaleza de la conciencia, sobre cómo todo aparece en la conciencia, sobre cómo no existe ninguna entidad separada, sobre cómo no hay nada que hacer ni nadie que lo haga, etcétera, puede convertirse en una cortina de humo para los muy profundos sentimientos de separación, que se sienten demasiado incómodos cuando son completa y honestamente encarados.

En muchos casos el yo interior se ha apropiado de la comprensión de que «todo es conciencia, no hay nadie aquí, no hay nada que hacer» y la ha aplicado como un fino barniz sobre los sentimientos mucho más profundos de separación e infelicidad. De ahí la nueva religión de la no dualidad.

Con el fin de explicar los sentimientos de irritación, tristeza, carencia, agitación, soledad, etcétera, que todavía persisten y reconciliarlos con su nueva condición iluminada, el yo imaginario, a través de un complejo acto de razonamiento, se convence a sí mismo de que todos estos sentimientos simplemente surgen en la conciencia y están hechos de ella.

El resultado es que la felicidad y la infelicidad son consideradas también emociones que se manifiestan en la conciencia, sin que haya nada ni nadie que escoja una o la otra. De esta manera, el yo interior separado permanece intacto, escondido en el cuerpo, dictando subliminalmente nuestros pensamientos, sentimientos, actividades y relaciones.

Tarde o temprano el barniz comienza a agrietarse y a exponer al yo separado que se encuentra debajo de él. En este punto podemos sentirnos impulsados a explorar la sensación de separación al nivel más profundo del cuerpo. Esto implica una exploración de todas las sensaciones por las que reconocemos un yo interior separado.

Para empezar, estas sensaciones parecen hallarse en las principales zonas de la cabeza y el pecho en las que parece residir el «yo pensador» y el «yo que siente o ama». Sin embargo, a medida que nos volvemos más sensibles a la sensación del «yo» en el cuerpo, capas más profundas de sentimientos y sensaciones se revelan. Con el tiempo, todas estas capas son expuestas a la luz de la conciencia.

El yo separado prospera cuando pasa inadvertido, y estas capas profundas y oscuras de sensaciones alojadas en el cuerpo constituyen un escondite ideal para él.

El yo interior separado no es, de hecho, más que una sensación corporal con una historia personal asociada. Si se la separa de la historia, esta sensación no es más «yo» o «no yo» que el ruido del tráfico o la visión del cielo. Pero mientras esto no se ve claramente, la «yoidad» del cuerpo continúa.

La visión clara es lo único que el sentimiento del yo separado no puede soportar.

A medida que estos sentimientos son expuestos a la luz de nuestro ser, pierden su yoidad y son vistos como lo que son: meras sensaciones.

Con el tiempo estas sensaciones son experimentadas como suspendidas, por así decirlo, en nuestra presencia consciente; son como nubes que flotan en el cielo. Comienzan a perder su definición, su densidad y su carácter de objetos y pasan a estar tan permeadas por la luz de nuestro ser que son indistinguibles de este. El cuerpo se ve cada vez más imbuido por la transparencia, la luz y el amor de nuestro ser.

LA PERCEPCIÓN DEL CUERPO

Nuestra experiencia del cuerpo adopta la forma de una sensación o percepción. El cuerpo, en calidad de entidad bien definida y sólida, que aloja unos órganos internos y otros elementos, que ha existido durante una cierta cantidad de décadas, no es nunca experimentado tal como normalmente se concibe.

Tenemos ideas e imágenes acerca del cuerpo, pero este no es, obviamente, una imagen o idea. Nuestra *experiencia* real del cuerpo no se corresponde con las ideas que tenemos acerca de él. De modo que deja estas ideas e imágenes a un lado y ve directo a la experiencia.

Empecemos con la percepción visual que tenemos del cuerpo. En cualquier momento dado esta percepción nunca se corresponde con la imagen convencional que tenemos de él. En cada ocasión tan solo vemos un fragmento del cuerpo tal como este es normalmente concebido. La imagen convencional del cuerpo consiste en una acumulación de estos fragmentos, en percepciones fugaces sacadas de la memoria, que se combinan de tal manera que representan un cuerpo cohesionado, sólido. Un cuerpo como este es un *collage* basado en la memoria, dispuesto de tal manera que da la impresión de solidez, durabilidad, permanencia y realidad. No obstante, nunca hemos experimentado el cuerpo que esta imagen convencional representa. Es sin duda una imagen valiosa, pero no se corresponde con la realidad de nuestra experiencia.

En cualquier momento dado, la percepción visual del cuerpo es un fragmento de él que normalmente concebimos. Sin embargo, no lo experimentamos como un fragmento o una percepción fugaz. Nuestra experiencia del cuerpo es que este es real y total.

¿De dónde viene la realidad y totalidad del cuerpo? No puede proceder de una imagen, idea, recuerdo o percepción. ¿Cómo podría la totalidad proceder de un fragmento?

Para explicar nuestra experiencia de la realidad y la totalidad del cuerpo, el pensamiento recoge una serie de percepciones, basándose en la memoria, y construye una imagen del cuerpo que representa esta realidad y totalidad (o integridad).

La imagen convencional del cuerpo como un todo coherente es una representación pictórica de su verdadera realidad e integridad que verdaderamente experimentamos. Sin embargo, esta realidad e integridad no están hechas de pensamientos, imágenes y percepciones.

La sensación de que nuestro cuerpo es un todo continuo proviene de nuestra íntima y directa experiencia de la continuidad y la intimidad de nuestro propio ser esencial. La realidad e integridad del cuerpo son, de hecho, un reflejo de la verdadera y única realidad de la conciencia, a la cual se han superpuesto las variadas sensaciones y percepciones que constituyen el cuerpo.

En otras palabras, el cuerpo toma prestadas su integridad y su realidad de la conciencia. Lo mismo ocurre con el mundo.

De hecho, nunca vemos el cuerpo aislado. Siempre constituye un elemento dentro del conjunto del campo visual, que incluye otros aspectos del mundo. Y el conjunto del campo visual es, en cada momento dado, un todo continuo, «hecho» tan solo de visión.

Es únicamente un pensamiento el que divide de forma artificial el campo de percepción visual del momento en una multiplicidad y diversidad de objetos individuales y bien definidos, uno de los cuales se considera que es el cuerpo.

La experiencia no conoce esta división de sí misma en objetos individuales y separados. Tan solo conoce la continua intimidad del acto de ver, la continua intimidad de sí misma.

El campo total de la visión es un todo continuo, sin partes separadas, de la misma manera que la pantalla es un todo continuo. Es el pensamiento el que divide la pantalla en una multiplicidad y diversidad de objetos —personas, flores, árboles, campos, colinas, el cielo, pájaros, etcétera.

Desde el punto de vista de uno de estos objetos imaginarios, todos ellos, incluido él mismo, son reales en sí mismos. Pero desde el punto de vista de la pantalla, que es el único punto de vista real —y que no es, de hecho, un *punto* de vista—, no hay objetos reales, separados ni independientes; tan solo existe la pantalla.

Pensar que la visión está localizada en una parte del campo es como imaginar que la pantalla está localizada en uno de los objetos que aparecen en ella.

La pura intimidad de ver no ve objetos separados; tan solo conoce la continua intimidad de la visión, así como la pantalla tan solo se conoce a sí misma. En otras palabras, el cuerpo y el mundo son un cuerpo y un mundo solamente desde el punto de vista imaginario del yo separado.

Una vez que se ha visto que no existen el cuerpo y el mundo tal como normalmente los concebimos, este punto de vista imaginario se disuelve y la continuidad de la experiencia se ve restablecida. Es decir, el amor se ve restablecido.

Esto no significa que la experiencia no sea real. La experiencia es absolutamente real; esto es innegable.

Todo lo que resulta negado es la interpretación que el pensamiento superpone a la experiencia, interpretación que condiciona profundamente la manera en que la experiencia se manifiesta.

El cuerpo como objeto individual independiente es un concepto que no tiene relación con la experiencia real.

Es tan solo desde el punto de vista imaginario del yo separado que vive dentro del cuerpo como este es considerado real e independiente en sí mismo.

Y con el fin de que tenga lugar la identificación del yo separado con un cuerpo separado, antes debe haber surgido un pensamiento que ha creído que nuestro yo-presencia consciente no imbuye por igual todo el campo de la visión, sino que tan solo imbuye un pequeño fragmento, un rincón del universo denominado «el cuerpo».

Con este pensamiento, la continuidad de la pura visión que está íntimamente imbuida de nuestro propio ser se ve separada en dos elementos esenciales: una parte que está imbuida de nuestro yo-presencia consciente y otra que no lo está. Esta es la primera división de la continua intimidad de la pura visión, o la pura experimentación, en dos partes.

En ese momento nuestro yo-presencia consciente parece convertirse en un cuerpo, y todo lo demás —las otras personas, los objetos y el mundo— parecen convertirse en todo lo que nuestro yo no es.

De hecho, el cuerpo y el mundo, tal como normalmente los concebimos, son en realidad *creados* por esta división imaginaria de la experiencia en dos partes aparentes. Una vez que esta división de la continua intimidad de la experiencia ha tenido lugar, el camino está pavimentado para que pueda tener lugar la subsiguiente división de la experiencia en una multiplicidad y diversidad de objetos.

Dicho de otra manera, es la pérdida de intimidad o amor lo que da lugar al nacimiento del cuerpo y el mundo tal como son normalmente concebidos, esto es, como objetos separados, independientes, sólidos, permanentes, físicos.

Una vez que esta creencia se haya apoderado de nosotros, toda experiencia se mostrará de acuerdo con ella y parecerá validarla y fundamentarla.

Esta creencia esencial se infiltra en el cuerpo y, con el tiempo, se multiplica en una red de sentimientos que, a su vez, se expresan en nuestras actividades y relaciones. Como resultado nuestro propio cuerpo, el mundo en el que nos movemos y aquellos con quienes nos relacionamos reflejan perfectamente esta pérdida esencial de intimidad o amor.

El mundo, tal como se lo concibe normalmente, es, como el cuerpo, una abstracción hecha de una serie de percepciones fugaces. Sin embargo, no podemos negar la realidad de nuestra experiencia de este mundo. ¿De dónde viene esta realidad?

Algo que sea real en sí mismo no puede desaparecer, puesto que aquello en lo cual desapareciese sería más real que ello mismo.

Por ejemplo, el pan es más real que la tostada, en el sentido de que la tostada es solamente uno de los posibles nombres o formas que se pueden dar al pan. Podríamos pues decir que el pan es la realidad de la tostada. Sin embargo, la harina es más real que el pan, el cual es solamente uno de los posibles nombres y formas de la harina. La harina es la sustancia real del pan. Sin embargo, el trigo..., y así podríamos seguir hacia atrás. Hasta que, en algún punto, llegaríamos a un final. ¿Dónde acabaríamos?

¿Cuál es la realidad última del mundo, aquella de la cual todos los objetos no son más que nombres y formas? Nuestro único conocimiento de los objetos o del mundo es la percepción que tenemos de ellos. Y el único conocimiento que tenemos de la percepción es la experiencia de percibir. Y la única sustancia presente en la percepción es nuestro propio ser, la conciencia.

La conciencia es el elemento conocedor en toda experiencia y todo lo que conocemos del mundo es nuestro *conocimiento* de él. De hecho, no conocemos el mundo como tal; tan solo conocemos *el acto de conocerlo*.

Y ¿qué es aquello que es consciente del acto de conocer? Nada distinto del conocer mismo. El conocer se conoce a sí mismo. La experimentación se experimenta a sí misma.

Por lo tanto, en nuestra experiencia del mundo la conciencia está, en última instancia, tan solo conociéndose a sí misma. Esto es todo lo que es conocido o experimentado.

LA SENSACIÓN DEL CUERPO

Tras haber explorado la percepción visual del cuerpo, exploremos ahora la *sensación* del cuerpo, puesto que esta es la forma en que se siente más real y más «él mismo».

Cerremos los ojos para asegurarnos de que nos estamos refiriendo tan solo a la *sensación* pura del cuerpo y no al pensamiento, imagen o recuerdo de él. Sin la referencia del pensamiento o el recuerdo, ¿cuál es la naturaleza de esta sensación?

Si mantenemos los ojos cerrados, el único conocimiento que tenemos del cuerpo es una sensación física. De hecho, sin la referencia al pensamiento o al recuerdo ni tan siquiera tenemos ningún conocimiento del cuerpo como tal. Tan solo conocemos la sensación actual. Es únicamente el pensamiento el que etiqueta esta sensación como «cuerpo».

Sin este pensamiento, esto no es más que una sensación. Aunque, incluso decir esto es demasiado. Sin el pensamiento no podemos tan siquiera conocer la experiencia del momento como una sensación —tan solo se trata de una experiencia pura, íntima y sin nombre.

Deja este libro, cierra los ojos y experimenta la sensación a la que nos referimos como «mi cuerpo» como si fuera la primera experiencia que nunca hubieses tenido.

Si hiciésemos un dibujo de esta sensación, ¿qué aspecto tendría? Mostraría unos contornos bien definidos? ¿Sería sólida y densa?

¿Tiene esta sensación treinta, cuarenta, setenta años de edad, o sencillamente está apareciendo ahora? ¿Es esta sensación hombre o mujer? ¿Tiene nacionalidad? ¿Cuánto pesa? De hecho, ¿tenemos alguna experiencia de lo que es el peso? ¿Acaso no es, el peso, tan solo una sensación? Esta sensación no pesa nada.

Y ¿tiene esta sensación una etiqueta adjunta a ella? Aparte del «yo» —como entidad separada— que el pensamiento añade a la sensación, ¿dónde está el yo *real*? ¿Qué es lo que define esta sensación como mía? Tan solo un pensamiento. Pero ¿de dónde obtiene su autoridad este pensamiento? ¡Evidentemente, no de la experiencia! La experiencia cuenta una historia muy distinta.

Acude a tu experiencia de este momento, seguramente tu cuerpo sentado en una silla. El único conocimiento que tenemos del presunto cuerpo sentado en una presunta silla es la sensación que nos produce. Ve a esta sensación.

¿Acaso no sentimos presentes tanto el cuerpo como la silla en esta sensación única? Si la considero desde la silla, esta sensación «no es mía», pero si la considero desde el cuerpo, es «mía».

Entonces, ¿es o no es mía? No puede ser ambas cosas a la vez. No puede ser *dos* cosas, un cuerpo y una silla, porque lo que experimentamos es tan solo *una* sensación. Y si no puede ser *tanto* el cuerpo *como* la silla, tampoco puede ser el cuerpo *o* la silla, porque uno solo tiene sentido en relación con el otro.

Observa claramente, por medio de la experiencia directa, que no se trata del cuerpo ni de la silla. De hecho, no hay ningún cuerpo ni silla presentes ahí, en la experiencia real de la sensación. El cuerpo y la silla son conceptos abstractos que se superponen a la experiencia por medio del pensamiento.

Antes de que tenga lugar esta superposición —y, de hecho, mientras se produce—, ¿cuál es la experiencia real, la experiencia misma?

Tan pronto como el pensamiento intenta ponerle nombre, volvemos a la abstracción. El pensamiento sencillamente no puede ir al núcleo de ella y conocerla como «algo». La experiencia misma es demasiado íntima, demasiado cercana. Sencillamente, no podemos salir de ella para retroceder, mirarla desde la distancia y verla o conocerla como un «cuerpo», una «silla», una «cosa» o un «objeto».

Tan solo un yo imaginario podría hacer algo así, ¡pero solamente podría hacerlo en su propia imaginación!

En realidad únicamente tiene lugar una experiencia pura, sin nombre e íntima, hecha tan solo de conocimiento o experimentación, es decir, hecha tan solo de nuestro yo-presencia consciente.

Toda experiencia es así. No tan solo la silla, sino también los campos, las calles, las estrellas, la gente, las casas, el tráfico... ¡Todo!

Es el pensamiento el que divide la intimidad continua de la experiencia en dos partes, un «yo» y un «no yo»: una parte que conoce o ve y otra parte que es conocida o vista.

Esta presunta división vela la auténtica intimidad de toda experiencia —esto es, la absoluta falta de distancia, separación u otredad que es la condición natural de toda experiencia— y hace que parezca que la experiencia incluye un «yo» que conoce, siente o percibe y un mundo que es conocido, sentido o percibido.

Volvamos al dibujo de la sensación pura llamada «el cuerpo». No te remitas a ninguna imagen, recuerdo o idea sino tan solo a la sensación directa que experimentas en este momento. Nuestro dibujo podría parecerse un poco a la Vía Láctea, un conjunto de puntos amorfos flotando en un espacio vacío. De hecho, esta sensación es sobre todo espacio vacío.

Permite que el espacio vacío de tu propia presencia se infiltre en la sensación, que penetre profundamente en su tejido. Tómate tiempo para permitirle que empape incluso esas zonas que pueden ofrecer alguna resistencia, que parecen aferrarse a su propia objetualidad, densidad o yoidad. Siente que este espacio vacío de tu propio ser no está tan solo presente y consciente; también es amor, intimidad pura. Ama todo lo que toca; esta es la única manera como puede conocer algo: amándolo. De hecho, el espacio vacío y amoroso de nuestro propio ser convierte en sí mismo todo lo que toca.

Permite que capa tras capa de resistencia y retención sea empapada por este amor.

El cuerpo es un almacén donde están guardados todos nuestros rechazos, fracasos, miedos, resentimientos y heridas, mucho después de que el pensamiento los haya olvidado. Se depositan en él, capa sobre capa. De hecho, estos viejos sentimientos han colonizado el cuerpo hasta tal punto que el cuerpo es, para la mayoría de nosotros, una densa red de tensiones y contracciones.

Son estas capas de tensión y contracción las que eclipsan la natural transparencia y apertura del cuerpo y dan la impresión de que un yo interior, separado, habita ahí.

Al igual que montones de papeles viejos olvidados en el sótano, estas capas se han descolorido y se han vuelto irreconocibles. Hace tiempo que se han perdido las asociaciones que una vez les confirieron significado y ahora son experimentadas como una masa adormecida de sensaciones incomprensibles.

Estas pueden permanecer en estado latente durante la mayor parte del tiempo, pero también pueden verse activadas por motivos irracionales en momentos inesperados y revelar, una y otra vez, los restos de un yo interior separado.

Ve a la sensación de la piel. Normalmente pensamos en el cuerpo como en un contenedor de piel que aloja todas las sensaciones que lo constituyen. Sin embargo, si nuestros ojos están cerrados, el único conocimiento que tenemos de la piel es una sensación. Y no experimentamos que una sensación aparece dentro de otra.

Todas estas sensaciones corporales, incluida la piel, están flotando en el espacio vacío de nuestra presencia consciente, de la misma manera que el amorfo conjunto de puntos del dibujo está flotando en la página.

Date cuenta claramente de que el espacio vacío de nuestra presencia no se limita a rodear la sensación, sino que la permea. Y este espacio en el cual están flotando las sensaciones no es un espacio inerte; es un espacio consciente. Está lleno de conciencia y permeado por la luz del conocimiento o conciencia, es decir, por la luz de nuestro propio ser.

Es este espacio consciente el que hace que la sensación pueda ser conocida, de la misma manera que es la luz del sol la que hace que un objeto sea visible. De hecho, es la cualidad conocedora que tiene el espacio el elemento conocido en la experiencia de la sensación, de la misma manera que la luz del sol es todo lo que vemos en un objeto.

De igual modo, nuestro conocimiento de la sensación es todo lo que conocemos de ella, y este conocimiento pertenece al espacio vacío de nuestra presencia consciente.

Así pues, es la vitalidad y la capacidad de conocer que tiene nuestro propio ser lo que da vida a la aparente sensación, lo que la hace cognoscible, lo que le otorga realidad.

Todo lo que es conocido de la sensación es el conocimiento que tenemos de ella, es decir, el hecho mismo de conocerla, y este conocer pertenece a nuestro ser íntimo, no a un objeto. De hecho, no existe ningún objeto independiente al que pudiese pertenecer este conocer. Es nuestro yo, nuestro ser, el que presta su propia realidad a la sensación, dándole así realidad aparente. Pero la verdadera y única realidad de la sensación pertenece a nuestro yo.

Estamos en lo cierto cuando sentimos que el cuerpo es real, completo e independiente, pero su realidad, totalidad e independencia pertenecen a nuestro yo, no a algún objeto aparente. Es solamente cuando olvidamos nuestro propio ser cuando la realidad que propiamente le pertenece es erróneamente atribuida a un objeto, como el cuerpo o el mundo.

Lo que en realidad experimentamos como nuestra naturaleza siempre presente se proyecta en el objeto aparente que es el cuerpo o el mundo, que, como resultado, adquiere realidad aparente, permanencia y solidez. De hecho, es nuestro yo el que es real, y no es que sea permanente, sino que está (es) siempre presente.

Es la intimidad de nuestro propio ser lo que otorga realidad a todas las cosas aparentes.

Lo que conocemos cuando conocemos un objeto es nuestro yo, y es nuestro yo el que se conoce a sí mismo. Lo que amamos en todos los demás es tan solo nuestro yo. Así pues, nuestro yo únicamente se conoce y ama a sí mismo. Todos los deseos anhelan este yo. Toda amistad honra a este yo.

Volvamos a la sensación y démonos cuenta de que cada vez que regresamos a ella y la observamos desinteresadamente, se ve despojada de otra capa de creencias superpuestas.

Su densidad, solidez, opacidad, historia y «yoidad» se están disolviendo.

Estamos empezando a experimentar la sensación en su forma pura, desnuda. Se está volviendo transparente, abierta, vacía y luminosa. Está empezando a asumir las cualidades del espacio consciente de nuestro propio ser, en el que aparece.

Continúa yendo más y más profundo dentro de la experiencia real del cuerpo. No estamos intentando cambiar nada sino tan solo ver lo que está realmente ahí, para quitar a nuestra mirada la superposición de las creencias.

Date cuenta de que, en realidad, no experimentamos una sensación como tal, sino que lo que experimentamos es el hecho mismo de sentirla.

Con los ojos cerrados, alarga una mano imaginaria e intenta tocar la experiencia de sentir. Encuentras algo sólido ahí? Cualquier cosa sólida sería tan solo más sentible. Esta mano imaginaria es solamente una imagen. Esta imagen ¿encuentra algo sólido al viajar por la experiencia del sentir o bien fluye a través del sentir como el viento fluye por el cielo?

Cuando te levantes y te muevas por ahí, observa que tú, como presencia consciente, no te levantas ni te mueves. Tú sigues siendo como eres siempre, de la misma manera que el cielo sigue siendo tal como es. Solo ocurre que un nuevo viento fluye por él. La sensación toma una nueva forma pero está hecha siempre de lo mismo, del cielo vacío de nuestro ser, que no va a ninguna parte, que no se convierte en nada, que descansa eternamente en sí mismo.

LA EXPERIENCIA PURA, SIN FILTROS

Normalmente se considera que el cuerpo es un contenedor de piel, lleno de objetos sólidos tales como órganos, huesos, etcétera. Sin embargo, cierra los ojos y ve directamente a la experiencia que tienes ahora de él. Siente su superficie, la piel y también algo que se halle «dentro» de él; por ejemplo, un hormigueo detrás de los ojos.

¿Experimentamos una sensación dentro de la otra? ¡No! Ambas sensaciones las experimentamos «dentro» de nuestro yo-presencia consciente.

Es interesante que examinemos nuestra creencia, tan profundamente arraigada, de que experimentamos un cuerpo *en* el mundo y una mente *en* un cuerpo. El único conocimiento que tenemos del cuerpo y del mundo son una serie de sensaciones y percepciones.

Examina de cerca tu experiencia y observa si experimentas una percepción dentro de otra percepción, una sensación dentro de otra sensación, una sensación dentro de una percepción o una percepción dentro de una sensación. Date cuenta claramente de que no, y de que no sería posible.

Por lo tanto, nadie ha experimentado nunca un cuerpo o un objeto *en* el mundo. *Cuerpo*, *mundo* y *objetos* son, todo ello, conceptos superpuestos a la realidad de nuestra experiencia.

De la misma manera, mira claramente tu experiencia y pregúntate si has experimentado alguna vez, o si podrías experimentar, un pensamiento dentro de una percepción o sensación. ¡No puedes hacerlo! Así pues, nuestra experiencia es que nunca experimentamos un pensamiento, es decir, la mente, *dentro* de un cuerpo o dentro del mundo. Nuestras experiencias del cuerpo y del mundo no aparecen *en* la mente. *Son* mente. La experiencia es una totalidad continua, en la que no se pueden encontrar partes o entidades interiores o exteriores separadas.

Observa claramente que, en nuestra experiencia real, no es la piel la que acoge varias partes del cuerpo, sino que es más bien la conciencia la que «acoge» todas las sensaciones que denominamos cuerpo.

En otras palabras, la conciencia es nuestro verdadero cuerpo. Date cuenta de que todas las sensaciones que normalmente consideramos que son nuestro cuerpo se hallan flotando en realidad en el espacio ilimitado de la conciencia.

La conciencia es el verdadero cuerpo, el verdadero «contenedor» de todas las cosas, y todo está hecho de su sustancia transparente y luminosa. Pero ¿qué son estos objetos, tales como el cuerpo, que se hallan aparentemente contenidos dentro de la conciencia? Si profundizamos en la sensación del peso del aparente cuerpo, lo único que encontramos es la experiencia de un sentir. ¿Cuánto pesa este sentir? No pienses en ello; no se trata de teorizar, sino de acudir a la experiencia real, despojada de cualquier interpretación.

El sentir no tiene peso. Por lo tanto, nuestra experiencia directa e íntima es que el cuerpo no tiene peso. El concepto de «peso» es superpuesto a nuestra experiencia real por el pensamiento.

Ahora toca algo que parezca sólido. Todo lo que encuentras ahí es el «toque», la «sensación». Y cómo de sólido es ese «toque» o «sensación»? Observa claramente que la «solidez» es también un concepto superpuesto a la experiencia por el pensamiento.

De cualquier modo, al decir que los objetos aparecen *dentro* de la conciencia hemos recorrido tan solo media etapa, por decirlo de algún modo, porque estamos haciendo una concesión a la creencia en la existencia de los objetos.

Si profundizamos en los objetos que parecen surgir *dentro* de la conciencia, encontramos únicamente experimentación, la cual es, en sí misma, ingrávida, transparente y luminosa o conocedora. Es decir, encontramos tan solo conciencia. La conciencia se encuentra tan solo a sí misma.

Observa que el espacio de la presencia está muy abierto. Es apertura en sí mismo. Le dice que sí a todo. Le da la bienvenida a todo. Es pura permisividad y acogida. De hecho, es más que esto: es íntima y absolutamente uno con todas las cosas aparentes. Es decir, es amor.

Nuestro verdadero cuerpo es un cuerpo de amor e intimidad. Lo contiene todo incondicionalmente.

Con el tiempo, incluso el «todo» y el «dentro» se disuelven y lo que queda es la íntima y amorosa naturaleza de la experimentación. Esta experimentación está demasiado cercana a sí misma, es demasiado íntimamente una consigo misma como para permitir un dentro y un fuera, un cerca y un lejos, un «yo» y un «tú», lo que ama y lo amado. Es pura experimentación, sin más.

Todo lo que se necesita es empezar con la experiencia directa y permanecer ahí. No se trata de jugar con conceptos, imágenes o recuerdos del cuerpo o del mundo, sino tan solo de tener la experiencia pura, sin filtros.

Cierra los ojos y acude, con la actitud de un niño, a la experiencia pura del cuerpo. Contempla sin más tu experiencia actual y, despojado de superposiciones e interpretaciones, la naturaleza de la experiencia se revelará a sí misma, por sí misma.

LA UNIFORMIDAD SIEMPRE PRESENTE DE LA EXPERIENCIA

Pregunta: *Alguna vez has usado la analogía de la mano y el ventilador, según la cual la sensación de la mano y el sonido del ventilador se experimentan en el mismo lugar, en la conciencia. Sin embargo, si salgo de esa habitación, dejaré de experimentar el ventilador pero seguiré experimentando mi mano, porque esta está siempre conmigo, siguiéndome a dondequiera que vaya. Esto parece implicar que, en este ejemplo, tan solo el ventilador está separado de mí, pero no mi mano.*

Es tan solo un pensamiento el que piensa: «La mano está siempre conmigo, siguiéndome a dondequiera que vaya». Este pensamiento no tiene ninguna relación con la experiencia. El conocimiento que tenemos de la mano es una percepción o una sensación y el conocimiento que tenemos del ventilador es una percepción. Y todas las percepciones y sensaciones son intermitentes. Por eso la mano, como el ventilador, te ofrece una experiencia intermitente. No está siempre contigo. En cambio, nuestro yo-conciencia no es intermitente. Está siempre presente.

Observa que esto es así en tu experiencia. ¿No hay acaso muchos momentos durante el día en los que ni la mano ni el ventilador están presentes como experiencia y en los que, a pesar de ello, tú sí estás presente como conciencia? Tan solo podemos decir que lo que tú eres es eso que está siempre contigo. Y si miras de cerca y de un modo simple a la experiencia, te das cuenta de que tan solo la conciencia está siempre «contigo».

La experiencia es la prueba de la existencia, de modo que si algo no es experimentado, no podemos estar seguros de que exista. No hay ninguna evidencia de la existencia de ningún objeto, de nadie ni del mundo fuera de la experiencia, y, como veremos después, si miramos de cerca nuestra experiencia, tampoco hay ninguna evidencia de ningún objeto, de nadie ni del mundo *dentro* de la experiencia.

Cuando se experimenta el ventilador, la mano o cualquier otra cosa, su existencia aparente no está separada de la conciencia. Todas las experiencias están igualmente cercanas, son «igualmente una» con la conciencia. Cuando el objeto aparente desaparece, la conciencia permanece tal cual es.

De hecho, la única sustancia presente en la experiencia de cualquier objeto aparente es la conciencia. El pensamiento superpone la idea de «objeto» a la realidad de la propia experiencia.

Esto no significa que no sea verdad que los objetos *aparecen*. Significa que los objetos no son experimentados nunca *como tales*. Sin embargo, la experiencia misma es innegablemente real. Esta realidad pertenece a la conciencia.

Eso que normalmente concebimos como objetos son, en realidad, los nombres y las formas cambiantes que la mente y los sentidos superponen a la realidad siempre presente y subyacente de la conciencia. Cuando decimos que la conciencia es «subyacente», es una media verdad que expresamos a quienes creen profundamente en la existencia separada de los objetos. Porque, de hecho, la conciencia no es solo «subyacente»; también está, por así decirlo, «en la superficie». Es decir, no es tan solo el trasfondo que atestigua, sino que es también el primer plano sustancial de todas las cosas aparentes.

Pregunta: *Dices que la conciencia no es tan solo el trasfondo en el que aparecen los objetos, sino también su sustancia. Tengo dificultades para ver que la conciencia y los objetos que aparecen en ella son uno y lo mismo. ¿Qué es lo que no estoy teniendo en cuenta?*

Lo que estás haciendo es añadir algo, un concepto, a tu experiencia, y por ello estás creyendo, y por consiguiente sintiendo, que el concepto es lo que es verdad, en vez de la experiencia.

Todo lo que hay que hacer es dejar de superponer conceptos a la experiencia pura. Entonces esta brilla tal como es, tan solo como pura conciencia.

Si no lo tienes claro, entra profundamente en cualquier experiencia. Por ejemplo, la sensación de tu mano encima de la mesa. No admitas las etiquetas abstractas «mano» y «mesa»; en lugar de eso, ve directo a la pura experiencia. Imagina que se trata de la primera experiencia que has tenido nunca y que no posees ningún recuerdo ni referencia con los que comparar o contextualizar la experiencia. Después de todo, las referencias y los recuerdos son pensamientos, y la experiencia de la mano en la mesa no es un pensamiento; es una sensación o percepción pura.

No es necesario que destruyas la interpretación que hace el pensamiento de la situación; tan solo déjalo a un lado, por así decirlo, mientras hagas esto. No lo tomes como referencia. Date todo el tiempo que necesites para permitirte sentir plenamente la sensación o percepción pura, sin ninguna de las etiquetas mentales acostumbradas.

¿Acaso no es, la experiencia pura que estás teniendo ahora de la mano encima de la mesa, una vibración amorfa, semejante a un hormigueo? De hecho, incluso decir esto es demasiado. ¿Tiene contorno, forma, densidad, peso, ubicación, tamaño, color, historia, edad, valor, función o coste? ¿Acaso va, adjunta a esta experiencia, la etiqueta «mano» o «mesa»? ¿O la etiqueta «yo» o «no yo»? ¿Se trata de una sola sensación/percepción o de dos?

Advierte claramente que todas estas etiquetas las añade el pensamiento, a posteriori, sobre la experiencia pura. No estoy sugiriendo que estas etiquetas no puedan tener sus finalidades prácticas, sino que las etiquetas «mano» y «mesa» no son inherentes a la experiencia pura y, por implicación, que las etiquetas «cuerpo», «mundo», «yo», «no yo», etcétera, también son superpuestas por el pensamiento a posteriori sobre la realidad de la experiencia.

En otras palabras, *en realidad* nunca experimentamos una mano, una mesa, un cuerpo, una mente, un mundo, a otras personas, un objeto, un yo interior o un no yo. Si nos despojamos de todas estas etiquetas que el pensamiento superpone a la experiencia, todo lo que queda es la conciencia, que es otro nombre para la totalidad ininterrumpida de la experiencia.

Ahora vuelve a sumergirte en la experiencia de la «mano» y de la «mesa», o en cualquier experiencia del cuerpo o del mundo. ¿Acaso no está, dicha experiencia, permeada y saturada por la conciencia? ¿Acaso existe alguna parte de la experiencia que no sea una con la conciencia? ¿Acaso hay alguna sustancia presente, además de la conciencia, en la experiencia misma?

Escoge cualquier experiencia —un pensamiento, una imagen, una sensación o una percepción— y explórala de esta manera. Toma algo que sea supuestamente duro, blando, fuerte, ligero, cercano, lejano, agradable, desagradable, algo que parezca «ser yo», algo que parezca «no ser yo», algo interno, externo, hermoso, feo, etcétera, y explóralo de esta manera.

A medida que exploramos nuestra experiencia, se vuelve cada vez más obvio que toda experiencia, independientemente de lo «cercana» o «lejana» que parezca, o de si la identificamos o no con nuestro «yo» separado, es íntimamente una con la conciencia.

Se muestra evidente, al entrar así en la experiencia, que la conciencia no es tan solo el testigo de toda experiencia, sino también su sustancia. De hecho, la experiencia no contiene ninguna sustancia aparte de la conciencia.

Ser el testigo de todos los objetos, de todas las personas y del mundo es una valiosa etapa intermedia que alivia a la conciencia de la aparente superposición del pensamiento que la identifica exclusivamente con un cuerpo y una mente. Pero podemos ir aún más lejos y ver, por medio de explorar profundamente nuestra experiencia, que el sujeto atestiguador y el objeto atestiguado, por más sutiles que sean, han sido superpuestos a la experiencia por el pensamiento.

Libre de esta superposición, la experiencia se revela tal como es, como pura conciencia. Ello no es así como consecuencia de que estemos explorando nuestra experiencia de esta manera, sino que la experiencia ha sido siempre así.

Esta no es una comprensión intelectual, aunque pueda formularse en términos intelectuales, como estamos haciendo aquí, en respuesta a una pregunta o situación, sino un conocimiento experiencial que es íntimamente nuestro y no puede ser sacudido o arrebatado. A medida que exploramos la experiencia de esta manera, nuestra convicción experiencial se convierte en nuestra propia experiencia inquebrantable e íntima. Lo vivimos así. Al principio esta comprensión puede parecer intermitente; parece verse eclipsada de vez en cuando por los viejos hábitos de pensar y sentir de nuestro yo separado. Sin embargo, a medida que nuestra investigación y nuestra exploración se vuelven más profundas y se expanden para abarcar todos los ámbitos de la experiencia —el pensar, imaginar, sentir y percibir—, lo mismo hace nuestra convicción, y con ella la estabilidad de esta comprensión experiencial.

Llega un momento en que esto deja de ser una comprensión extraordinaria que está reñida con nuestra anterior visión convencional de la experiencia, centrada en lo personal, y pasa a ser una comprensión natural y ordinaria, que no requiere ningún esfuerzo.

De hecho, requeriría un esfuerzo *no* ser esta apertura, esta comprensión experiencial, esta presencia consciente. El esfuerzo que parece hacernos sentir que somos algo distinto de la presencia es lo que define a la entidad aparente que es el yo separado. Se trata, sencillamente, del proceso de elaboración del pensamiento dual, que divide la siempre presente integridad de la experiencia en una aparente multiplicidad de objetos y entidades, una de las cuales es considerada «yo» mientras que el resto es «no yo».

A medida que nos atenemos a sabiendas a esta presencia, revela ser no solo el trasfondo neutral y la sustancia de la experiencia, sino también sinónimo de paz, amor y felicidad.

QUINTA PARTE

EL MUNDO

NUESTRO MUNDO ESTÁ HECHO DE PERCEPCIONES

El único conocimiento que tenemos del mundo es a través de la vista, el oído, el tacto, el sabor y el olor. Llamemos «percibir» al acto de ver, oír, tocar, saborear u oler.

Nuestra experiencia del mundo —y todo lo que sabemos del mundo es la experiencia que tenemos de él— está hecha de percepciones. Las percepciones están hechas de mente y la mente, de nuestro yo-presencia consciente.

La presencia consciente no tiene ningún color por sí misma. Y puesto que el mundo tal como lo conocemos —es decir, tal como lo percibimos— está hecho tan solo de esta presencia incolora, nos referimos a él como «transparente».

La presencia consciente es la luz que «ilumina» toda experiencia, la que hace que la experiencia sea «cognoscible», y puesto que nuestra experiencia del mundo no tiene otra sustancia que el «conocer», decimos que el mundo es luminoso, que está hecho de la luz de la conciencia o conocimiento.

La presencia consciente *ilumina* el mundo aparente y su luz es también la *sustancia* del mundo que ella ilumina y conoce. En otras palabras, el *conocimiento* del mundo y la *existencia* del mundo están hechos de la misma sustancia transparente y luminosa.

Pregunta: *Me fascina el descubrimiento de que en mi experiencia directa todo está hecho de sensaciones y percepciones, de que no hay objetos como tales, sino solo experiencia.*

Sí; el único conocimiento que tenemos de la mente es el pensamiento, el único conocimiento que tenemos del cuerpo son las sensaciones y el único conocimiento que tenemos del mundo son las percepciones —es decir, lo que vemos, oímos, tocamos, saboreamos y olemos de él—. También podríamos decir, de un modo más sencillo, que todo lo que conocemos es lo que experimentamos, y la experimentación está hecha de nuestro yo-presencia consciente.

Ahora fíjate en el mundo que normalmente consideramos que está a cierta distancia de nosotros y que está hecho de algo distinto de nuestro yo. Por ejemplo, una montaña lejana. Cómo de lejos está la montaña de tu experiencia? Evidentemente, no está a ninguna distancia.

Ahora pregúntate lo lejos que está tu experiencia de tu yo, de tu presencia consciente. Por supuesto, tampoco en este caso hay ninguna distancia.

Así pues, si vemos claramente que la montaña no está a ninguna distancia de la «experiencia» y que la «experiencia» no está a ninguna distancia de la conciencia, está claro en nuestra experiencia *real* que la montaña no está a ninguna distancia de nuestro yo.

Ahora comienza de nuevo y pregúntate: ¿qué sustancia está presente en la montaña aparte de la experimentación misma? Evidentemente ninguna, puesto que no tenemos ningún conocimiento del mundo más allá de la experiencia de este.

Pregúntate ahora: ¿qué otra sustancia está presente, al experimentar, además del yo-conciencia? Ninguna, por supuesto. Por lo tanto, nuestra experiencia directa e íntima es que la montaña —y todo lo demás— tiene lugar en nuestro yo-conciencia y está hecho de él.

Y ahora podríamos preguntarnos: ¿qué es esta «montaña»? Ya hemos descubierto que se trata tan solo de nuestro yo, de nuestra conciencia. Así pues, ¿por qué decimos que hay una montaña? La «montaña» es tan solo uno de los nombres y formas de nuestro yo. Nuestro yo es lo único que está ahí. No nuestro yo *como* montaña, sino *solo* nuestro yo. Punto.

Pregunta: *Es muy fácil para mí experimentar todo esto de lo que hablas cuando me concentro en escuchar, tocar, oler, etcétera, pero me resulta muy difícil cuando estoy mirando.*

Sí; el ámbito de lo visual es aquel en el que la ilusión de la dualidad, la separación y la otredad se muestra más convincente. Sin embargo, cuando nos damos cuenta de que toda nuestra experiencia de oír, tocar, oler, etcétera, tiene lugar en nuestro yo y está hecha de nuestro yo, obtenemos la clave. Tan solo necesitamos trasladar esta comprensión experiencial al ámbito de la visión.

He aquí una sugerencia práctica: empieza con los ojos cerrados y establece, por ejemplo, que la vibración denominada «el ruido del tráfico en la distancia» está hecha tan solo de escucha, y que esta escucha es una con tu yo y está hecha de él.

Ve, con los ojos aún cerrados, que la imagen visual de color marrón rojizo oscuro que está apareciendo está hecha tan solo de visión, y que esta visión aparece en el mismo «lugar» que la escucha y está hecha de lo mismo —es decir, de la misma «sustancia» que constituye la esencia de este «lugar», de este espacio.

Ahora abre lentamente los ojos y date cuenta de que el único conocimiento que tienes de las baldosas del suelo —o cualquier otra cosa que veas— está hecho también, solamente, de la misma sustancia que la imagen de color marrón rojizo oscuro, es decir, de «visión», y aparece en el mismo lugar.

Si el mundo parece «saltar fuera» cuando intentas hacer esto, cierra los ojos de nuevo y establece experiencialmente que todo está apareciendo dentro de tu yo y está hecho de este yo. Después abre los ojos e inténtalo de nuevo.

A medida que experimentamos de esta manera, se vuelve cada vez más evidente que el único conocimiento que tenemos del mundo visual está hecho de lo que experimentamos, esto es, de nuestro yo-presencia consciente.

A medida que te vas familiarizando con el sabor de esto, no hay necesidad de confinar esta experimentación a un entorno de tipo meditativo. Intenta llevarla a cabo mientras andas por la calle, mientras lavas los platos, mientras hablas con tus amigos... Cuanto más practiques, más cotidiano, fácil y natural será para ti experimentar el mundo en tu yo y como tu yo.

La sensación de que el mundo está «fuera» y de que «no es yo» es la contraparte inevitable de la sensación de que «yo» estoy dentro del cuerpo, como un «yo» separado.

La exploración del mundo esbozada anteriormente es la exploración de la creencia, basada en la ignorancia, de que el mundo está fuera, separado y ajeno a mi yo. Al explorar el cuerpo, corregimos la creencia errónea que nos hace sentir que estamos ubicados «aquí», en un cuerpo y como un cuerpo. Estos dos aspectos de la exploración van de la mano; son dos aspectos de la misma exploración.

Esta exploración forma parte de la autoindagación, en el sentido más cabal de esta palabra. Es importante comprender que la autoindagación no es una investigación que se halle limitada al ámbito de la mente; consiste en mucho más que en preguntarse «¿Quién soy?».

Ciertamente, la autoindagación empieza a menudo con una pregunta mental, como querer saber en qué consisto «yo». Sin embargo, si esta investigación tiene que ser completa, debe penetrar en las capas más profundas de nuestro sentido del «yo-conciencia-presencia consciente» y del «no yo», es decir, debe ir más allá de la sensación del «yo» separado en cuanto al cuerpo y de la sensación del «no yo» en cuanto al mundo.

LA PERCEPCIÓN Y LOS LÍMITES DE LA MENTE

La única experiencia que tenemos del mundo viene en forma de percepciones, esto es, visiones, sonidos, texturas, sabores y olores.

Normalmente pensamos y sentimos que el yo separado, el que creemos que está dentro del cuerpo, está conectado a estas percepciones por medio del acto de conocer, experimentar o percibir. Pienso, por ejemplo: «Yo veo este árbol». Y considero que este «yo» reside dentro de mi cuerpo, que el árbol existe fuera, en el mundo, y que ambos se conectan, en este caso, por medio del acto de ver.

De hecho, el yo separado del interior del cuerpo y el objeto exterior separado, el «árbol», nunca son experimentados como tales. Todo lo que se experimenta es el acto de ver. De modo que en realidad no conozco ese árbol, ni tampoco el mundo, como objetos independientes separados hechos de materia, sino que tan solo conozco la experiencia de ver.

¿Dónde tiene lugar la visión? No tiene lugar en ningún sitio, porque el único conocimiento que tenemos de los lugares es la experiencia de ver. De modo que podríamos decir que el acto de ver tiene lugar en el mismo ver, o en la experiencia de ver. Y ver o experimentar no son más que otros nombres para nuestro yo-presencia consciente.

Además, la experiencia de ver no consta de partes. Sea lo que sea nuestro yo y sea lo que sea nuestra experiencia del árbol, ambos están contenidos como *uno* en la experiencia de ver.

De todos modos, esta afirmación hace una concesión a la creencia en un yo interior separado y un mundo exterior separado. Si permanecemos cerca de la experiencia, todo lo que es conocido en este ejemplo es el hecho de ver.

Así pues, deberíamos partir del ver, por el simple hecho de que es nuestra experiencia, en vez de partir de la presunción de que hay un yo interior y un árbol o mundo exterior.

A partir de esta comprensión, no hay ninguna necesidad de dividir el ver en una parte que ve y otra que es vista. Lo único que hay siempre es la ininterrumpida intimidad del ver.

Este ejemplo puede ser trasladado a la experiencia de cualquier cosa del mundo. Toma cualquier visión, sonido, textura, sabor u olor y date cuenta de que lo mismo es verdad en relación con todo ello: todo lo que sabemos al respecto es la experiencia de ver, oír, tocar, saborear y oler.

Sin embargo, no hay ningún «yo» que conozca esta experiencia. La experiencia misma —el ver, oír, tocar, saborear y oler— es *todo* lo que existe, desde la perspectiva de la experiencia.

El presunto yo separado que conoce, piensa, siente, ve, oye, toca, saborea o huele está hecho, él mismo, de conocimiento, pensamiento, sentimiento, visión, oído, tacto, gusto y olfato.

De la misma manera, todo lo que conocemos de lo aparentemente exterior —objetos, personas y el mundo— es lo que vemos, oímos, tocamos, saboreamos u olemos de ello.

La experiencia es siempre solo una misma intimidad ininterrumpida.

Sin embargo, incluso decir que la experiencia es «una» es decir demasiado. Afirmar que la experiencia consiste en una sola cosa implica que hay alguna otra cosa con la que puede ser contrastada. Cuando esto se ve claramente, el pensar se detiene, ante la majestad e indescriptibilidad de la experiencia.

Esto no quiere decir que la realidad de la experiencia sea incognoscible. Al contrario, la realidad de la experiencia es todo lo que llegamos a conocer. Pero esta realidad nunca puede ser conocida o descrita por la mente. Sin embargo, es conocida por nuestro yo como él mismo. *Es* nuestro yo.

Toda experiencia es absolutamente real. Y no hay ilusiones reales. Si hubiera ilusiones *reales,* habría, por definición, *realidad* en ellas. ¡Las ilusiones son solo ilusiones desde el punto de vista ilusorio de la ilusión!

Incluso una ilusión está hecha tan solo de pensamiento. Por ejemplo, un espejismo es una experiencia real. Es una ilusión tan solo si pensamos que está hecho de agua. Así pues, la ilusión —el agua— atañe al pensamiento, no a la experiencia. Sea lo que sea aquello a lo que se refiere el pensamiento —el agua—, no existe como tal, pero el pensamiento *mismo* está hecho de la misma sustancia que todo pensamiento o experiencia. Su realidad es exactamente igual que la de toda experiencia.

No podemos salirnos de esta realidad para conocerla como «algo». Nosotros *somos* esta realidad. La realidad de la experiencia es todo lo que es conocido, pero no puede ser conocida por el pensamiento. A la vez, todo pensamiento está hecho tan solo de esta realidad.

Esta visión no debe confundirse con la más popular y solipsista de que la mente es todo lo que existe. El solo hecho de que la paz, el amor y la felicidad son muy reales, a la vez que son experiencias no objetivas, debería bastar para indicar que hay mucho más que la mente por experimentar.

La mente es, por definición, limitada, y por lo tanto no puede saber nunca cómo son las cosas en realidad. Tan solo puede saber cómo no son las cosas. La mente no puede saber si hay o no algo más allá de su propio límite. Tan solo puede conocer sus propios límites. Puede desmantelar sus propios sistemas de creencias, o al menos ponerlos en perspectiva; está en buena disposición para hacerlo, puesto que fue ella la que los creó.

Por eso, las contemplaciones que estoy proponiendo exploran nuestra *experiencia*, pero no limitan la realidad tan solo a la mente, sino que vamos hacia dentro, al núcleo de la experiencia. Utilizamos la mente para negar creencias convencionales, pero no las sustituimos con especulaciones o aseveraciones, a menos que dichas aseveraciones provengan de la experiencia directa.

No hay nada que sugiera que la mente es la única forma que aparece en la conciencia. Por ejemplo, nuestras percepciones pueden ser la sección transversal de una realidad mayor que la mente humana es incapaz de percibir. Sin embargo, incluso en este caso, la esencia de nuestra percepción debe compartir la esencia de la realidad mayor de la cual puede ser una visión limitada y distorsionada, de la misma manera que la esencia de la ola es la esencia del océano.

Imagina, por ejemplo, un ser que tiene la capacidad de percibir tan solo en dos dimensiones. Este ser vive en la superficie de un estanque y solo puede ver lo que tiene delante, lo que tiene detrás y lo que tiene a los lados, pero es incapaz de mirar hacia arriba ni hacia abajo. En el borde del estanque, las ramas de un árbol se sumergen en el agua. ¿Cómo verá ese ser estas ramas? Aparecerán como extrañas líneas en su mundo; cuanto más gruesas sean las ramas, más largas serán las líneas.

Si ese ser observara las líneas durante algún tiempo, advertiría que están continuamente alargándose o acortándose, en función de cómo el viento moviese las ramas; a veces incluso desaparecerían, cuando las ramas fuesen levantadas del agua. Y si lloviese —por supuesto, la lluvia se manifestaría como pequeñas líneas explosivas en su mundo—, la superficie del estanque subiría y cubriría más las ramas, de modo que estas aparecerían como líneas más largas en el mundo de ese ser. De la misma manera, en verano, cuando el estanque se fuese secando, las líneas se acortarían, puesto que tan solo los extremos de las ramas tocarían el agua.

A lo largo de muchos años de observación, ese ser puede elaborar teorías sobre la naturaleza de su mundo. Sin embargo, sus teorías reflejarán las características y limitaciones de su propia mente, más que la realidad del «mundo real de tres dimensiones», en el que hay estanques, árboles, campos, ríos y cielo.

De todas maneras, y este es el punto importante, la realidad esencial de las líneas que observa este ser compartirá la realidad esencial del árbol, puesto que las líneas corresponderán a una sección transversal de partes del árbol. Estas líneas también compartirán la realidad esencial de los campos, los ríos y el cielo de los que el árbol forma parte.

Ese ser no necesita percibir la totalidad del árbol, o el conjunto de la naturaleza, con el fin de conocer su realidad esencial. Si profundiza en la naturaleza de una sola de las líneas que se manifiestan en su mundo, llegará finalmente a la ineludible verdad de que, sean lo que sean las líneas *en realidad*, sea lo que sea el árbol *en realidad* y sea lo que sea ese mismo ser *en realidad*, todas estas cosas son una sola.

La mente de ese ser nunca conocerá esta unicidad y tampoco lo necesita, porque ese ser *es* eso. Todo lo que necesita es conocerse a sí mismo; al hacerlo, conocerá la naturaleza esencial del árbol, el estanque, los campos, los ríos y el cielo, y cualquier otra cosa que pueda haber.

En otras palabras, al conocerse a sí mismo conoce la realidad o naturaleza esencial de toda la naturaleza. Conoce la eternidad de la naturaleza. Y ¿cómo se conoce a sí mismo? Para esto le basta con ser él mismo; tan solo tiene que evitar añadir nada a lo que ya es en esencia.

Todo lo que necesitamos es ver esto con claridad una sola vez. Con el tiempo, este vislumbre acabará con el mundo tal como lo conocemos.

Con esta comprensión nos damos cuenta de que nada es mundano. Toda experiencia es tan solo la experiencia de la realidad absoluta. No es importante la manera como la mente representa esta realidad, así como la aparición de una determinada imagen en la pantalla no altera el hecho de que en realidad estamos viendo tan solo la pantalla.

Cuando contemplamos una imagen como «imagen», la pantalla parece limitada, pero la misma imagen, cuando la contemplamos como la pantalla, la entendemos como ilimitada. De la misma manera, la experiencia es limitada como mente. Sin embargo, como conciencia, la misma experiencia es eterna e infinita. Ambas posibilidades están disponibles a cada momento. Esta es nuestra libertad. Nada nos ata. La experiencia surge a medida que vemos.

Y ¿qué es lo que determina la manera en la que vemos? Como dijo William Blake: «Tal como un hombre es, así ve». Es decir, todo empieza con nuestro yo. Todo depende de cómo vemos y experimentamos nuestro yo. Si consideramos que nuestro yo es un yo interior y separado, el universo se mostrará de acuerdo con esta creencia. En cambio, si conocemos nuestro yo como presencia consciente ilimitada, el universo también lo confirmará.

¿Cómo podemos saber si nuestro mundo tetradimensional de tiempo y espacio no es un simple reflejo de nuestra mente? Es imposible saberlo. ¿Qué es lo que nos hace pensar que nuestras mentes pueden conocer y representar la realidad de lo que verdaderamente es, lo cual es, además, la totalidad de todo lo que es? Solo la arrogancia de la mente puede hacernos pensar esto.

Nuestras mentes acaso tienen la misma relación con la totalidad que la que tendría ese ser de visión bidimensional con el mundo tridimensional. Es decir, nuestra visión tridimensional y nuestra experiencia tetradimensional pueden muy bien ser una sección transversal, una visión limitada, de una totalidad multidimensional que la mente es incapaz ni tan siquiera de empezar a imaginar.

De todos modos, exactamente de la misma manera que la realidad esencial de una hoja es idéntica a la realidad esencial de un árbol, o que la realidad esencial de una zanahoria es la misma que la de la tierra, la realidad esencial de nuestro yo es idéntica a la del universo. Sea lo que sea el mundo en realidad, su naturaleza esencial es idéntica a la de nuestro propio ser innato, a la de nuestra presencia consciente.

«El Atman es igual al Brahmán». «Mi Padre y yo somos uno».

Con esta investigación, la mente se lleva a sí misma a su propio final. Y en vez de descubrir la verdadera naturaleza de la experiencia, se da cuenta de su propia incapacidad para conocer lo que realmente son las cosas. También se da cuenta de que todo aquello que es real en cualquiera de sus percepciones —y no hay ninguna parte de la percepción que no sea real— *es* la realidad última de todo. No puede encontrarla nunca, como el pez que busca el agua, aunque se halla inmerso en ella.

En consecuencia, la mente llega a un final natural, no como resultado de un esfuerzo o disciplina, y permanece abierta y sin saber ante la majestad de la experiencia.

Todo aquello que la mente puede conocer es la mente —lo que la mente piensa, siente y percibe—, pero el «conocer» con que se conoce a sí misma no pertenece a sí misma. Pertenece a algo mucho más grande que ella misma, así como la luz con que la luna ilumina los objetos por la noche pertenece a algo mucho más grande que ella misma: pertenece al sol.

El «conocer» con que todas las cosas aparentes son conocidas pertenece a nuestro propio ser, a la transparente y luminosa presencia de la conciencia. Y todo lo que es conocido es el «conocer» mismo. Todo lo que es en verdad conocido es la luz de nuestro propio ser, de nuestra pura conciencia, que, siempre, no se conoce más que a sí misma.

EL ESPEJO DE LA NATURALEZA

Desde el punto de vista absoluto, el arte no tiene ningún propósito. Ningún emprendimiento puede tener un fin superior al de revelar la realidad fundamental de nuestra experiencia, puesto que todo lo demás depende de esto, mientras que esto no depende de nada. Desde el punto de vista absoluto, esta realidad fundamental está tan plenamente presente ahora, sea cual sea la experiencia que estemos teniendo, como siempre podría estarlo. Por lo tanto, no se necesita nada que la revele todavía más.

Desde esta perspectiva, el arte es sencillamente un canto al absoluto, un himno de alabanza, gratitud y celebración; un derramamiento de amor.

Sin embargo, si este no parece ser el caso, si parece que falta algo, si parece que, sea lo que sea lo que seamos, estamos de alguna manera separados de la realidad del universo, el arte tiene una función.

Cuando la realidad de nuestra experiencia es ignorada, nuestra cultura proporciona varios medios de reafirmar la verdad o la realidad de la experiencia. Estos medios son conocidos como religión, filosofía y arte.

Cada uno de estos tres medios corresponde a una de las tres modalidades de la experiencia: sentir, pensar y percibir. Todos estos modos de conocimiento son, al menos en sus formas originales, medios por los cuales la verdad o realidad de la experiencia puede ser explorada y revelada.

Aquí nos estamos ocupando del aspecto perceptual de la experiencia. Desde este punto de vista, podríamos decir que el arte es el camino por medio del cual la percepción es devuelta a su condición natural; o, más precisamente, el medio por el cual se la ve fresca, en su forma original, desprovista de las superposiciones conceptuales del pensamiento y la imaginación.

Cuando miramos la naturaleza y el mundo, sentimos que estamos viendo algo que es real, sustancial. Sin embargo, el mundo está compuesto solamente de percepciones fugaces, que surgen y desaparecen momento a momento. Entonces, ¿cuál es la realidad de lo que vemos? ¿Qué es lo que otorga a nuestra experiencia el innegable sello de la realidad? ¿Cuál es la realidad de nuestra experiencia?

Cuando miramos la naturaleza, ¿qué estamos viendo verdaderamente? Todo lo que conocemos del mundo es por medio de las percepciones sensoriales, y todas ellas dependen de los sentidos. Sin embargo, si el mundo tiene realidad por sí mismo, esta realidad debe ser independiente de las cualidades específicas que cada uno de nuestros sentidos le confiere.

Por ejemplo, ¿cuál es la naturaleza de lo que vemos, independientemente de las cualidades que le dictan nuestros ojos? Si nuestros ojos tuvieran otras características, veríamos un mundo distinto. Si tuviéramos los ojos de una hormiga o una pulga, el mundo parecería muy diferente. ¿Qué es lo que tienen en común el mundo del ser humano, el de la hormiga, el de la pulga y el de todas las demás criaturas?

Si retiramos todas las cualidades que nuestros sentidos le han conferido al mundo y retiramos también las etiquetas abstractas, conceptuales, de la mente, ¿qué queda del mundo?

En otras palabras, si quitamos las formas y etiquetas que los sentidos y la mente superponen al mundo, ¿qué queda del mundo? ¿Nada? ¡No, nada no!

No queda nada que se pueda percibir por medio de los sentidos ni que se pueda concebir con la mente. Es decir, no queda ninguna cosa, ningún objeto.

A la vez, sabemos que hay algún tipo de realidad en la experiencia que tenemos del mundo. Incluso en el caso de los sueños, hay una realidad en cada uno de ellos. Esta realidad está hecha de *algo*.

Sea lo que sea aquello de lo que está hecha la experiencia A, es la misma sustancia de la que está hecha la experiencia B, y todas las siguientes. Todo aquello objetivo que estaba presente durante la primera experiencia, A, se ha desvanecido cuando tenemos la siguiente experiencia, B. De todos modos, existe una continuidad entre las dos experiencias, así como entre todas las experiencias, que no puede ser explicada por las percepciones intermitentes. ¿Cuál es la naturaleza de la realidad continua de nuestra experiencia?

Esta continuidad es innegablemente experimentada y, a la vez, no tiene cualidades objetivas. Ambos factores se derivan de la experiencia del momento, independientemente de las características particulares de dicha experiencia. Así pues, el único lugar donde podemos hallar una respuesta a esta pregunta es nuestra experiencia directa e íntima.

¿Qué es aquello que, en la experiencia que tenemos en este momento, está innegablemente presente y no tiene cualidades objetivas? Tan solo la conciencia y el hecho de ser. Y ambas cosas, juntas, constituyen nuestro yo.

Por lo tanto podemos decir, a partir de nuestra propia experiencia, que la realidad subyacente del mundo a la que la mente y los sentidos superponen sus cualidades es la conciencia presente, que es la realidad esencial de nuestro propio yo.

En otras palabras, la experiencia no está inherentemente dividida en un sujeto que percibe y un objeto percibido conectados por medio de un acto de percepción. En vez de esto, hay una realidad ininterrumpida e indivisible que parece reflejarse a sí misma en una miríada de objetos y entidades diferentes. Esta realidad es, de hecho y siempre, un todo perfecto.

El propósito del arte es ofrecernos una degustación de esta continuidad, indivisibilidad, intimidad y unicidad de la experiencia.

El objetivo del arte es sanar la herida que permanece en el centro del yo interior separado, la creencia y el sentimiento de que lo que somos es un fragmento, este yo interior separado, que está encerrado en el cuerpo y que se comunica de manera esporádica e intermitente con un mundo ajeno y hostil, en el que nos sentimos vulnerables, perdidos, temerosos y, sobre todo, destinados a morir.

La función del arte es restablecer, de una manera *experiencial*, nuestro estado original y natural, en el que nos sabemos y sentimos íntimamente uno con todas las cosas. E, incluso más allá de esto, su función es revelar experiencialmente que no hay un yo interior separado ni objetos, personas o un mundo separados con los que llegar a ser uno. Lo que hay es una totalidad ininterrumpida e íntima, que está en todo momento moviéndose y cambiando a la vez que permanece siempre igual, siempre presente, tomando la forma de cada experiencia del cuerpo, la mente y el mundo y aun así permaneciendo siempre ella misma.

Cézanne dijo: «Pasa un momento en la vida del mundo. Pintar la realidad de ese momento y olvidarlo todo por ello. Convertirte en este momento; ser la placa sensible. Ofrecer la imagen de lo que vemos, olvidando cualquier otra cosa que haya ocurrido antes de ese momento».

Ser ese momento, conocerse uno a sí mismo *como* ese momento, como la totalidad de la experiencia de momento a momento; conocerse uno a sí mismo como la sustancia de este momento y de todos los momentos y, como un artista, «ofrecer la imagen»; es decir, hacer algo que comunique esta comprensión y no solo que la comunique, sino que la *transmita*; hacer algo que contenga el poder de romper o disolver nuestras maneras de ver habituales y duales y de inducir esta comprensión experiencial.

Cézanne nos dejó unas imágenes visuales que llegan lo más cerca que es posible por medio de la forma a la realidad de la experiencia, la cual no tiene forma pero está siempre presente. Parménides, Rumi, Krishna, Menon y otros hicieron eso mismo por medio de las palabras. El camino del artista es el de la percepción, así como el camino del filósofo es el del pensamiento y el del devoto es el del amor.

Cézanne afirmó: «Se acerca el día en que una sola zanahoria, observada sin condicionamientos, traerá una revolución».

Quiso decir que si miramos cualquier cosa, no importa lo sencilla y común que sea, y vamos realmente a su núcleo, lo que significa al centro de esa experiencia, encontraremos algo extraordinario, algo que revolucionará la manera en que vemos nuestro yo, a los demás y al mundo. Esta es la verdadera revolución, que hace que todas las demás revoluciones palidezcan en comparación.

El artista intenta hacer algo que exprese y evoque esta comprensión, algo que lleve a la persona directamente a esta comprensión experiencial. Trata de desencadenar esta revolución. El artista intenta *representar*, esto es, re-presentar, presentar de nuevo una visión de la experiencia que evoque la realidad de esta, hacer algo que tenga el poder de conducir a la persona a su propia realidad.

Esto era lo que el pintor francés Pierre Bonnard procuraba capturar: el momento intemporal de la percepción antes de que el pensamiento haya dividido el mundo en un sujeto que percibe y un objeto percibido, y después haya subdividido el objeto en «diez mil cosas».

Y ¿cómo era esa visión a los ojos de Bonnard? Era un mundo rebosante de color, intensidad y armonía, y que bailaba con vitalidad. Era un mundo en el que se le daba la misma atención y el mismo amor al borde de una bañera que a un viejo entarimado de madera, a la curva de una mejilla o al gesto de una mano.

William Blake también quiso evocar este momento. En una ocasión le preguntaron:

—Cuando usted contempla la salida del sol, ¿no ve un disco de fuego, algo de algún modo parecido a una guinea?.

Y respondió:

—¡Oh, no, no! Veo innumerables huestes celestiales gritando: «¡Gloria, Gloria, Gloria al Señor Dios Todopoderoso!».

Asimismo, se cuenta que William Turner estaba regresando a su casa desde Hampstead Heath con un cuadro bajo el brazo, entrada la tarde, cuando un vecino le detuvo y le pidió ver el cuadro. Tras mirarlo durante un rato, el vecino dijo:

—Sr. Turner, nunca he visto una puesta de sol como esta sobre Hampstead Heath.

A lo cual replicó Turner:

—No, pero no desee poder verla.

El cuerpo y la mente del artista son el medio a través del cual la naturaleza se interpreta a sí misma para sí misma. Es el medio a través del cual la naturaleza explora su propia identidad y se da cuenta de ella. Como dijo Cézanne: «Me convierto en la consciencia subjetiva del paisaje y mi pintura se convierte en su consciencia objetiva».

Mira fuera por la ventana. ¿Qué hay ahí, en ese momento intemporal previo a que el pensamiento tenga tiempo de aparecer y nombrar lo que ve como «calle», «edificio» o «paisaje»? Tómate algún tiempo para responder esta pregunta desde la experiencia en vez de hacerlo desde el pensamiento.

¿Qué hay ahí, antes de que el pensamiento tenga tiempo de denominarlo percepción, percibir o tan solo experimentación? ¿Qué hay ahí, antes de que el pensamiento haya tenido tiempo de aparecer y ubicar nuestro yo en un cuerpo?

Esta fracción de un momento de tiempo no es, de hecho, un momento de tiempo. Es el ahora único y siempre presente. A esto es a lo que Pierre Bonnard estaba intentando dar forma.

Cuando verdaderamente vemos, o incluso experimentamos, no hay lugar para el pensamiento. De hecho, en la experiencia pura no hay nunca lugar para un yo interior separado y un mundo separado. Y todo lo que se conoce es la experimentación pura. Esta experiencia de percepción pura, que es intemporal y libre de pensamientos, es lo que se conoce como la experiencia de la belleza. Cuando el pensamiento reaparece y divide de nuevo la percepción en dos partes —un yo interior separado y un mundo separado—, el pensamiento imagina que el yo interior experimenta la belleza y que determinado objeto o individuo es bello por sí mismo. El pensamiento imagina que la belleza es una propiedad de los objetos y de los seres.

Sin embargo, la belleza es, de hecho, tan solo uno de los nombres que se le dan a la experiencia cuando se la libera de la interpretación dualista del pensamiento.

Toda percepción está hecha de belleza, de la misma manera que todo sentimiento está hecho de amor. En realidad, la belleza y el amor son idénticos: son la naturaleza esencial de toda experiencia.

La única diferencia entre ambos es que belleza tiende a ser la palabra empleada cuando la percepción se ve libre de creencias superpuestas y amor tiende a ser la palabra usada cuando los sentimientos se ven libres de creencias superpuestas. De la misma manera, comprensión es la palabra utilizada cuando el pensamiento se ve liberado de creencias o dudas superpuestas.

El arte sana el malestar fundamental de nuestra cultura: el sentimiento de alienación, desesperación, separación y anhelo de amor.

No vemos una obra de arte; participamos en ella. La naturaleza del arte es traer de vuelta el mundo que hemos rechazado, el mundo que hemos creído que era otro —separado, hecho de materia muerta...—; la naturaleza del arte es acercar el mundo, convertirlo de nuevo en algo íntimo, para que nos demos cuenta de que nuestro yo es uno con su tejido.

No es una relación establecida por medio de la vista o el oído —esto es demasiado distante— sino que es una relación de amor, intimidad e inmediatez. Un artista es alguien que no olvida la libertad, inocencia, frescura e intimidad de la experiencia.

El papel del artista es transmitir a la humanidad la experiencia más profunda de la realidad. El arte es recuerdo. Es amor. Es como una espada que distingue entre la realidad y las apariencias. La belleza es la forma de Dios.

El propósito del arte en nuestra cultura es apuntar hacia esta naturaleza esencial de toda percepción. Es liberar la percepción de las creencias superpuestas que hacen que parezca estar hecha de yoes, objetos, entidades, cosas y el mundo, y revelar su auténtica naturaleza, que es idéntica a nuestra propia naturaleza como seres conscientes.

Un objeto aparente nunca es bello por sí mismo. El verdadero arte no es una representación ni una abstracción. Es revelación, la revelación de que el amor, y no la materia inerte, es la sustancia de todo cuanto existe.

Una verdadera obra de arte tiene un poder en su interior que deriva de la visión clara, el amor o la comprensión de los que procede. Este poder o bien corta el pensamiento o bien lo disuelve lentamente, dejando la experiencia desprovista de toda objetualidad y otredad, de modo que se erige pura, inmediata, desnuda e íntima.

En este sentido, todas las enseñanzas verdaderas son obras de arte. De hecho, cualquier objeto o actividad que proceda directamente de este amor, belleza o comprensión contiene en sí el poder de revelar su origen —siempre que no se haya inmiscuido la creencia en la separación.

Paul Cézanne dijo: «Todo se desvanece y se deshace, ¿no es así? La naturaleza es siempre la misma, pero no tiene ninguna manifestación que dure. Nuestro arte debe representar la emoción de su permanencia, junto con sus elementos; la manifestación de todos sus cambios. Tiene que proporcionarnos una degustación de su eternidad».

Y ¿no son acaso el cuerpo humano y la mente una parte de la naturaleza? La «eternidad de la naturaleza» —aquello que es esencial y siempre presente en ella— es la misma esencia siempre presente, viva y consciente que la de nuestro propio yo. Todo arte verdadero apunta directa, no conceptualmente, a esto. Tiene una cualidad penetradora o disolvente que es capaz de tomar los elementos aparentes de la percepción —visiones, sonidos, gustos, texturas u olores— y disponerlos de tal manera que se desencadene el colapso de las habituales formas de ver duales, de modo que se entre en la experiencia pura. La belleza es el colapso de toda objetualidad y el amor es el colapso de toda otredad.

Los artistas y los científicos tienden a mirar el aparente mundo exterior, mientras que los místicos tienen a mirar el aparente yo interior. No importa por dónde empecemos, puesto que el mundo exterior y el yo interior, tal como se los concibe normalmente, son las dos caras de la misma moneda. Si exploramos cualquiera de estas creencias y tenemos el suficiente valor para que nada nos detenga en nuestro deseo de la verdad, ambas investigaciones nos llevarán al mismo sitio.

El objeto o mundo exterior y el yo interior no pueden soportar el escrutinio de esta investigación, y con el tiempo ambos se derrumbarán. En esta caída el yo interior separado muere y el mundo exterior separado se disuelve, dejando tan solo la pura intimidad de la experiencia. Este colapso *es* la experiencia transparente de la paz, la felicidad, el amor, la belleza o la comprensión.

La manera como denominamos a este colapso depende normalmente de la naturaleza de la experiencia previa a él, es decir, de si fue desencadenado por el sentimiento, el pensamiento o la percepción. Si fue desencadenado por el sentimiento, es conocido como amor; si fue desencadenado por el pensamiento, como comprensión, y si lo fue por la percepción, como belleza. Estas tres palabras se refieren a la misma experiencia transparente esencial de nuestra presencia.

Esta comprensión se ha perdido en nuestra cultura, que ha reducido la paz, la felicidad, el amor, la belleza o la comprensión a experiencias en los ámbitos del cuerpo, la mente o el mundo, tal como normalmente se los concibe. También reflejan falta de comprensión algunas expresiones de la no dualidad contemporánea que equiparan la felicidad con la infelicidad, la belleza con la fealdad, la paz con la agitación, considerando que no son más que pares de opuestos que emergen igualmente en la conciencia.

Estas enseñanzas han reducido la comprensión viva de la no dualidad que es la fuente de todo amor, belleza y comprensión a un sistema políticamente correcto de igualdad y relatividad. En este caso la ignorancia se ha apropiado de la intensa claridad de la comprensión. Así pues, el yo interior separado, que es creado por la ignorancia de la realidad de nuestro propio ser, se ha apropiado de la verdadera comprensión no dual y está usándola como una manera de validar y justificar sus propias creencias erróneas.

EL MUNDO Y LA CONCIENCIA INTERCAMBIAN SUS PUESTOS

Nuestra experiencia es siempre y únicamente una totalidad ininterrumpida e íntima. Solo un pensamiento parece dividirla en distintas categorías de experiencia, tales como la mente, el cuerpo y el mundo, cada una de las cuales está hecha de una sustancia distinta. Realmente, toda experiencia está hecha de lo mismo: de algo que podemos denominar «experiencia», «conciencia» o «nuestro yo».

Ninguna parte de la experiencia está más cerca o más lejos de la experiencia, la conciencia o nuestro yo que cualquier otra parte. Ni tan solo podemos decir que la experiencia de la mente, el cuerpo y el mundo está *cerca* de la experiencia, de la conciencia o de nuestro yo. Está más cerca que cerca. Cómo de cerca está una imagen de la pantalla?

La experiencia no consta de «dos cosas». En el análisis final, que es, de hecho, el análisis basado en nuestra verdadera experiencia, tampoco es correcto decir que toda experiencia de la mente, el cuerpo y el mundo está permeada por la conciencia o presencia, o saturada de ella.

La afirmación de que la mente, el cuerpo y el mundo están permeados por la conciencia o presencia, o saturados de ella, implica que, para empezar, hay una mente, un cuerpo y un mundo independientes, que pueden ser permeados por algo, de la misma manera que una esponja es permeada por el agua. Pero esto implica el inicio de la creencia en la realidad independiente de la mente, el cuerpo y el mundo.

Esta afirmación es válida si creemos en la realidad independiente de la mente, el cuerpo y el mundo. Esta afirmación lleva la atención al hecho de que cada experiencia de la mente, el cuerpo y el mundo es absolutamente una con la conciencia o presencia. Pero esta es solo una etapa intermedia en el descubrimiento de la verdad.

A medida que se vuelve cada vez más evidente que toda experiencia está permeada por la conciencia o presencia, la conciencia o aspecto presencial de la experiencia se vuelve más predominante y el aspecto aparentemente objetivo de la mente, el cuerpo y el mundo, es decir, los nombres y formas cambiantes, empiezan a perder su aparente solidez e independencia. Al principio la conciencia parece ser el aspecto oculto, insustancial e intermitente de la experiencia, mientras que la mente, el cuerpo y el mundo parecen, por contraste, evidentes, sustanciales, estables y reales. De modo que vemos la mente, el cuerpo y el mundo como objetos. Después nuestra atención se ve dirigida al hecho de que la conciencia permea cada experiencia aparentemente objetiva de la mente, el cuerpo y el mundo.

Cuanto más contemplamos nuestra experiencia, más evidente se vuelve, progresivamente en muchos casos, que la conciencia es, de hecho, el aspecto estable, siempre presente y sustancial de la experiencia. A medida que esto se va convirtiendo en nuestra experiencia viva, se va atenuando la realidad de la mente, el cuerpo y el mundo como objetos independientes en sí mismos.

Esta contemplación puede empezar en el nivel de la mente, pero con el tiempo desciende a las profundidades de nuestro ser y nos toma por completo; imbuye nuestros sentimientos y percepciones, así como nuestros pensamientos.

El mundo y la conciencia intercambian sus puestos.

En cierto punto tiene lugar un cambio: la realidad que una vez atribuimos a la mente, el cuerpo y el mundo la entendemos y la experimentamos como residente en nuestro yo, en nuestra conciencia.

La experiencia de la mente, el cuerpo y el mundo en el estado de vigilia pasa a ser cada vez más semejante a la experiencia de ellos en el estado de sueño. Pierde su realidad presuntamente independiente, sólida y separada, y es comprendida y experimentada, en cambio, como una superposición onírica sobre la conciencia.

Aunque seguimos viendo la aparición de las imágenes en la pantalla, nuestra experiencia real es siempre y únicamente la pantalla.

No es que la experiencia normal pase a ser irreal o insustancial. Más bien ocurre que sabemos y sentimos que la realidad y la sustancia de la experiencia consisten tan solo en la intimidad de nuestro propio ser, de nuestra conciencia.

Experimentamos que la mente, el cuerpo y el mundo son irreales como objetos pero reales como conciencia, de la misma manera que los campos que aparecen en una película son irreales como campos pero reales como pantalla.

De todos modos, antes eran reales como campos tan solo desde el punto de vista imaginario de un yo separado. Desde el punto de vista real y único de nuestro yo-presencia consciente, la experiencia es siempre solamente real como conciencia.

De manera que la «objetualidad» de los objetos se desdibuja lentamente y es sustituida por la «presencialidad» de la conciencia, del mismo modo que la oscuridad se ve lentamente sustituida por la luz en las primeras horas de la mañana.

Nunca podemos decir cómo, cuándo, dónde o por qué tiene lugar esta disolución, precisamente porque el cómo, el cuándo, el dónde o el porqué se disuelven junto con la oscuridad. Estas preguntas ya no están ahí para ser contestadas.

Este cambio es natural. Al principio puede parecer que tenemos que hacer esfuerzos para comprender esto, pero al cabo de poco tiempo la verdad de nuestra experiencia, lo obvio de ella, empieza a imprimirse en nosotros sin esfuerzo.

Es como llegar a la cima de una colina y bajar por el otro lado. De pronto la colina, que inicialmente parecía oponerse a nuestros esfuerzos, ahora a colaborar con ellos.

También podemos decir que es como hacer un puzle. Al principio las piezas parecen abstractas e incoherentes; aparentemente, no guardan relación entre sí. Sin embargo, a medida que avanzamos el puzle se va completando; cada vez se va volviendo más fácil hacerlo y las opciones son más obvias. Cada vez hay menos posibilidades, y las piezas encuentran más rápidamente su lugar.

Ocurre lo mismo en relación con esto de lo que estamos hablando. Todas las objeciones de la mente se encuentran con la comprensión, hasta que llega el momento en que ya no quedan objeciones. La mente, que construyó primero una aparente dualidad, ha deconstruido su propio edificio.

Quedan, de todos modos, unas sensaciones corporales que parecen apoyar la creencia, ahora desacreditada, en el yo interior separado y en los objetos, personas y mundo exteriores separados. Estas sensaciones las dejamos ahí y permitimos que cuenten su historia vacía; se consumirán lentamente en la luz de la comprensión. Ahora ya estamos preparados, en un estado de apertura y de no saber.

Desde aquí la conciencia brilla cada vez más y disuelve en sí misma cualquier último vestigio de separación y otredad que permanezca por inercia. No importa si ello tiene lugar con lentitud o si se alarga en el tiempo, puesto que ya no hay nada que esperar, nada que anhelar, nada que falte ni nadie que espere.

Incluso nuestro deseo de verdad o realidad pierde de algún modo su intensidad y no puede seguir denominándose deseo, puesto que ya no hay lugar para el deseo, no importa lo noble que sea. Nuestro deseo se transforma en amor. De hecho, siempre fue amor, disfrazado de deseo por un fino velo de otredad. El amor fue siempre aquello que el deseo estaba buscando.

LA AMIGABILIDAD DEL MUNDO

Pregunta: *A veces oigo decir que cuando se vuelve evidente que no existe una entidad separada todo sigue como antes, incluidos los enfados, los problemas, etcétera. Siempre imaginé que esta comprensión tendría un profundo impacto en mi vida; siempre esperé esto.*

La comprensión experiencial de que no hay ninguna entidad separada tiene un profundo efecto en la vida de uno. De todos modos, no es la comprensión intelectual la que transforma la vida, sino saber, ser y sentir la unicidad de la experiencia.

Es cierto que las sensaciones y percepciones continúan surgiendo como antes. Sin embargo, las sensaciones que parecían justificar y corroborar la creencia en una entidad separada se desvanecen progresivamente en la mayor parte de los casos. Como resultado hay una gran sensación de comodidad y paz en el nivel del cuerpo y de la mente.

Aunque las creencias dualistas que parecen separar nuestra experiencia en un sujeto que percibe y un objeto percibido nunca llevan a cabo dicha separación en realidad, esta separación *parece* real y, por lo tanto, el sufrimiento que es inherente a esta perspectiva también *parece* real.

Una vez que esta ignorancia fundamental se ha visto expuesta, los pensamientos, sentimientos y actividades que dependían de ella para existir se desvanecen, drásticamente o, en la mayor parte de los casos, gradualmente.

Aunque estos pensamientos, sentimientos y actividades que dependen de la sensación de separación y que continúan surgiendo pueden parecer exactamente los mismos que esos que una vez se vieron alimentados por la creencia fundamental en la dualidad, no lo son. Son como una cuerda que se ha quemado y que conserva por un tiempo su antigua forma. Cuando soplas sobre la cuerda, te das cuenta de que ya no tiene ninguna sustancia; está vacía, hueca.

Los únicos pensamientos, sentimientos y actividades que dejan de aparecer son los que dependían de la creencia fundamental en la dualidad. Todos los otros pensamientos, imágenes, sensaciones y percepciones continúan como antes.

De esta manera la mente se ve liberada de las agitaciones, confusiones, anhelos, sufrimientos, adicciones, inquietudes, defensas, etcétera, que antes caracterizaban a gran parte de su actividad, mientras que la libertad, la creatividad, la paz, la amorosidad, el humor, la calidez, la simpatía y la inteligencia se convierten en sus hábitos naturales.

El aspecto del cuerpo sigue siendo el mismo de antes y está sujeto, por supuesto, a las leyes normales de la naturaleza, incluido el dolor físico, pero se ve aliviado de la carga terrible e imposible de tener que satisfacer las demandas voraces de un yo inexistente.

Como consecuencia tiene lugar una profunda relajación en el cuerpo, que penetra hasta sus capas más profundas. El cuerpo regresa progresivamente a su simplicidad orgánica natural; se lo siente abierto, amoroso, sensible, ligero, espacioso.

Y el mundo, es decir, las percepciones de los sentidos, continúa como antes; solo ocurre que estas percepciones se ven liberadas de la sensación de otredad, de «no yoidad». Dejamos de experimentar que el mundo se halla a cualquier distancia de nosotros mismos.

Como resultado, el mundo deja de ser una fuente potencial de paz, amor y felicidad para el yo imaginario y, por lo tanto, también deja de ser una fuente potencial de sufrimiento.

El mundo se experimenta más cerca que cerca. Se experimenta como íntimo, vivo, vibrante y acogedor. De hecho, dejamos de *experimentar* el mundo como tal. *Somos* el mundo. Nos damos cuenta de que la conciencia y la experiencia son una.

El yo separado ya no existe, y, por la misma razón, tampoco existe ya el mundo como tal. Ya no separamos nuestro conocimiento del mundo de su existencia.

A medida que nos damos cuenta de que el conocimiento del mundo y su existencia son la misma y única experiencia, nos damos también cuenta de que amar no es algo que nuestro yo «le haga» a otro o al mundo, sino que el amor es la naturaleza intrínseca de toda experiencia. No hay nada separado de esto.

Conocer el mundo es *ser* el mundo y *ser* el mundo es *amar* el mundo.

Para abordar específicamente el tema de que los enfados, problemas, etcétera, continúan como antes, diría esto: Ante todo, tengamos claro que estamos hablando de problemas psicológicos, no de problemas prácticos. Los problemas prácticos tales como ocuparte de tu coche si se avería, lidiar con la aseguradora si tu casa se incendia, afrontar temas económicos y de salud, etcétera, son abordados con practicidad y eficacia y no generan ninguna implicación psicológica; por lo tanto, tampoco dejan ninguna huella psicológica.

Es precisamente por el hecho de que estos problemas son eminentemente prácticos, de que no tienen ninguna contraparte psicológica, por lo que pueden afrontarse con sencillez y eficacia y no dan lugar a ningún sufrimiento.

Así pues, tras aseverar que estamos hablando de la continuidad de problemas psicológicos tales como la irritación, la ira, el aburrimiento, los celos, etcétera, podemos preguntar ahora específicamente: ¿continúan teniendo lugar estas reacciones? La respuesta es muy sencilla: no.

Puede haber sin embargo un período de tiempo en que estos viejos patrones de pensamiento y sentimiento propios del yo separado continúen, por mero hábito. Pero terminan disipándose.

Sin embargo, no es correcto declarar que los problemas psicológicos tales como la irritación, la ira, los celos, etcétera, continúan y tratar de justificar estas reacciones con ideas no dualistas tales como «todo es la misma expresión de la conciencia», «todo surge espontáneamente», «no hay ningún hacedor» y un largo etcétera. Esto es pseudoadvaita; estas justificaciones del comportamiento provienen del sentido de separación, aunque el pretexto es que provienen de una comprensión no dual.

Todos estos problemas psicológicos son formas de sufrimiento, y el sufrimiento, por definición, siempre gira en torno a la creencia de ser una entidad separada. Tarde o temprano es necesario tener la honestidad y la valentía de afrontar este hecho.

Nos podemos engañar un tiempo pensando que hemos sido capaces de ver a través de todo el mecanismo del yo aparentemente separado y continuar sufriendo, pero tarde o temprano la búsqueda que es inherente al sufrimiento se abrirá paso a través del fino velo de las creencias no duales de las que el sentido del yo separado se ha apropiado y empezará un nuevo ciclo de búsqueda.

SEXTA PARTE

LA EXPERIENCIA

LA INTIMIDAD DE LA EXPERIENCIA

Date cuenta claramente de que todo lo que conocemos es lo que experimentamos. ¿Sabemos o podemos saber algo fuera de ello? El único conocimiento que tenemos de los pensamientos, imágenes, recuerdos, sentimientos, sensaciones corporales y percepciones del mundo es lo que experimentamos de ello. ¿Acaso hay alguna otra sustancia presente en nuestro conocimiento del cuerpo, la mente y el mundo además de la experimentación? Intenta encontrar o imaginar dicha sustancia.

Normalmente pensamos que hay un mundo con el que conectamos por medio de la experimentación. En otras palabras, creemos que el mundo existe como un objeto independiente, separado, por sí mismo, y que se encuentra con nuestro yo-sujeto separado independiente por medio de un acto de conocimiento, sentimiento o percepción, es decir, a través de la experimentación.

Pero ¿hemos experimentado alguna vez un mundo así? Si conociéramos un mundo como este, su existencia estaría dentro de nuestra experiencia. De hecho, no experimentamos el mundo como tal; tan solo conocemos la experiencia.

Esto no constituye una prueba de que el mundo no existe. No podemos afirmar algo así con una mente limitada, precisamente porque la mente es limitada. Sin embargo, esto conduce la atención hasta el hecho de que todo lo que conocemos es la experimentación.

Ahora bien, ¿dónde tiene lugar la experimentación? ¿Dentro del cuerpo, de la mente, en el mundo? No; nuestro único conocimiento del cuerpo, la mente y el mundo es la experiencia que tenemos de ello. Y la experiencia no tiene lugar en algún sitio, dentro de un cuerpo, de la mente o en el mundo, sino que el cuerpo, la mente y el mundo tienen lugar dentro de lo que experimentamos. Aunque, de hecho, no tienen lugar *dentro* de lo que experimentamos, sino que *están hechos* de la experiencia misma.

Busca un lugar en el que esté produciéndose la experiencia y date cuenta de que todos los lugares que encuentras están hechos tan solo de experiencia. Imagina que el océano le pregunta al agua: «¿Dónde estás, dónde existes?». El agua no está dentro del océano. El océano no es otra cosa que agua.

¿Qué relación hay entre nuestro yo y la experiencia? ¿Hay alguna parte de esta que no se halle absoluta e íntimamente imbuida de nuestro yo? De hecho, ¿podemos encontrar dos sustancias, una de ellas la experiencia y la otra nuestro yo, o son la experiencia y nuestro yo totalmente uno, indivisiblemente uno, ininterrumpidamente uno?

¿Qué relación existe entre el océano y el agua? ¿Hay dos cosas ahí, una que es el océano y otra que es el agua, que podemos relacionar la una con la otra? ¡No!

De la misma manera, no existen dos elementos presentes en nuestra experiencia. La experimentación es una sustancia continua que está hecha tan solo del conocimiento que tenemos de ella, y tan solo existe el acto de conocer o experimentar; no hay un yo interior separado que conozca y un objeto, persona o mundo exterior que son conocidos. Tan solo está la ininterrumpida intimidad de conocer o experimentar, sin que sea posible encontrar partes, objetos, entidades, yoes y personas separados. Esta intimidad ininterrumpida en la que no hay lugar para la otredad, la distancia, el tiempo o la separación es el amor.

¿Podemos encontrar alguna parte de la experiencia que esté más cerca o más lejos de la experimentación que otra parte? ¿Está el sonido del pájaro o el del tráfico más alejado de la experiencia que nuestros sentimientos más íntimos? No; el único conocimiento que tenemos del sonido del pájaro o del tráfico es lo que oímos al respecto, y la escucha tiene lugar *aquí*; no «aquí» como un lugar en el espacio, sino como intimidad no localizada.

El pensamiento divide la intimidad de la escucha en un yo interior que oye y un pájaro o tráfico en el exterior que son oídos, pero la experiencia no sabe esto. Desde el punto de vista de la experiencia, tan solo hay la intimidad ininterrumpida, indivisible y pura de sí misma.

Ve a la experiencia del mundo. Si tienes los ojos cerrados, tu único conocimiento del mundo es el ruido del tráfico o la sensación de la silla en la que tu cuerpo está sentado. El pensamiento nos dice que tanto el tráfico como la silla están separados de nuestro yo y son algo distinto de nuestro yo. El pensamiento nos dice que el ruido del tráfico tiene lugar a cincuenta metros y que la silla está cerca y hecha de materia inerte. Pero ¿qué dice la experiencia?

Ve a la experiencia del ruido del tráfico o cualesquiera otros sonidos que estén presentes. Remítete ahora tan solo a la experiencia directa, no al pensamiento o a la memoria. Para asegurarnos de que nos estamos basando solamente en la experiencia, podemos imaginarnos que esta es la primera vez que tenemos una experiencia. No poseemos ningún conocimiento previo en relación con la experiencia actual, en este caso el ruido del tráfico, el canto del pájaro o cualquier otra cosa. De hecho, ni tan solo sabemos que se trata del tráfico o de un pájaro. Llevamos a cabo una escucha pura.

¿Tenemos algún conocimiento del tráfico o los pájaros distinto de la experiencia de escuchar? ¿Dónde tiene lugar la escucha? ¿A cincuenta metros de distancia? ¿A cinco metros? ¿O es la escucha íntima, totalmente una con nuestro yo —no con nuestro yo como cuerpo o mente, sino con nuestro yo como presencia sensible y consciente?

De hecho, ¿podemos encontrar dos cosas en la experiencia de escuchar, una que soy yo como presencia consciente y otra que es la experiencia de escuchar? ¿O ambas cosas son íntima y absolutamente una?

¿Hay alguna sustancia presente en la experiencia de escuchar distinta de la presencia sensible y consciente que es nuestro yo? ¿Podemos encontrar dos sustancias en la experiencia de la escucha —yo y la escucha— o hay tan solo una única sustancia, totalmente íntima?

Y ¿qué ocurre con los objetos del denominado mundo exterior, por ejemplo una silla? Si tenemos los ojos cerrados, la única experiencia que tenemos de la silla es la de sentirla. Y ¿dónde tiene lugar la experiencia de sentir? ¿A alguna distancia de nuestro yo? Y ¿cómo de íntima es?

¿Está hecha de dos partes la experiencia de sentir, una que siente y otra que es sentida, o es una experiencia ininterrumpida e íntima? Y ¿es la experiencia de sentir muerta o inerte, o está llena hasta los topes de la vitalidad y cognitividad de nuestro yo? ¿Tenemos realmente la experiencia de una materia inerte o experimentamos un sentir vivo y vibrante?

Si ahora abres los ojos y consideras que la visión de la silla confirma su existencia independiente y objetiva, date cuenta de que la visión de la silla está hecha tan solo de la experiencia de ver. Y ¿dónde tiene lugar la visión? Cómo de íntima es? ¿Hay ahí alguna materia inerte? ¿Hay alguna parte del ver que no se halle imbuida por nuestra propia presencia consciente e íntima? De hecho, ¿consta el ver de más de una parte?

No es nuestro yo-presencia consciente el que está adoptando la forma de la visión. Ahí no hay nada más que la intimidad de nuestro propio ser. Tan solo el pensamiento divide esta intimidad ininterrumpida en una parte que soy «yo» y otra que «no soy yo». Estas partes tienen sentido para el pensamiento, pero no para nuestro yo-conciencia, es decir, no para la experiencia.

Date cuenta de que tu yo no está sentado en una silla. Tampoco caminas por ninguna habitación. Tan solo tienen lugar sensaciones y visiones, en ningún espacio específico. Todos los lugares están hechos de sensaciones y visiones, es decir, de nuestro yo. No estamos en los sitios; ellos están en nosotros.

❋

Y ¿qué pasa con la luna, que parece hallarse a una distancia casi infinita de nuestro yo? Sencillamente que el único conocimiento que tenemos de ella es la experiencia de verla, y la visión tiene lugar aquí; no aquí como lugar en el espacio, sino aquí como intimidad de nuestro propio ser, inseparable de él, hecha de él. Realmente no hay distancia en la experiencia, es decir, no hay espacio.

Vayamos ahora al cuerpo; por ejemplo, a las plantas de los pies. El único conocimiento que tenemos de las plantas de nuestros pies es la sensación del momento. El pensamiento imagina un pie que tiene una determinada forma, peso, posición, color, etcétera, pero la experiencia tan solo conoce el sentir.

¿Dónde tienen lugar las sensaciones? ¿A alguna distancia de nuestro yo? ¿Hay dos sustancias ahí, una que sería nuestro yo-presencia consciente y otra que sería la experiencia de sentir? ¿O tan solo la pura y continua intimidad de la experiencia, sin partes o entidades separadas que puedan ubicarse a una distancia una de otra?

¿Tiene lugar la experiencia de sentir —denominada el cuerpo— más cerca de nuestro yo que la experiencia de ver —denominada la luna—? Permanece junto a la experiencia; no acudas al pensamiento. Sostén ambas experiencias de sentir y ver delante de tu yo, por así decirlo.

El pensamiento dice que la sensación del cuerpo es cercana y que la visión de la luna se halla distante. Pero ¿qué dice la experiencia? ¿Tiene realmente lugar la visión más lejos de nuestro yo que las sensaciones? ¿Acaso no son ambas total e igualmente íntimas, no están hechas ambas de nuestra propia presencia consciente?

Ahora ve al tercer ámbito de la experiencia, la mente. De hecho, nadie ha encontrado nunca una mente, tal como esta se suele concebir. Tan solo conocemos el pensamiento o la imagen del momento. Y ni tan siquiera esto es cierto, porque nadie ha encontrado nunca un pensamiento o imagen. Tan solo conocemos la experiencia de pensar e imaginar.

Cómo de lejos está de nuestro yo el pensar? ¿Hay alguna distancia entre el pensar y nuestro yo? ¿Hay dos sustancias ahí, una que es nuestro yo-presencia consciente y otra que es la experiencia de pensar? ¿O son ambas total e íntimamente una sola cosa?

En primer lugar, date cuenta claramente de que no hay dos cosas que puedan establecer una intimidad la una con la otra. Se produce una intimidad pura desde el primer momento, que tan solo el pensamiento puede dividir conceptualmente en dos partes.

Ahora vuelve a la creencia típica del yo separado: que nuestros pensamientos y sentimientos son el aspecto más cercano e íntimo de la experiencia; que el cuerpo está un poco menos cerca pero aún lo consideramos parte de nuestro yo, y, finalmente, que los objetos, las personas y el mundo están a cierta distancia, separados de nuestro ser y hechos de algo distinto de la intimidad de nuestro ser.

El único conocimiento que tenemos de la mente, el cuerpo y el mundo es la experiencia de pensar, sentir y percibir. ¿Está el pensar más cerca de nuestro yo que el sentir y el sentir más cerca que el percibir —es decir, cerca que el ver, oír, tocar, saborear y oler—? ¿O está todo ello igual de cerca de nuestro yo —de hecho, no cerca, sino más cerca que cerca, inseparable de nuestro yo?

De hecho, ¿hay dos elementos en la experiencia, uno que es nuestro yo-presencia consciente y otro que es la experiencia de pensar, sentir y percibir? ¿O tan solo existe la pura intimidad de la experiencia?

Advierte claramente que la materia es un concepto, nunca una experiencia. Es un concepto que fue inventado por los griegos hace dos mil quinientos años y los científicos, curiosamente, aún están buscando su realidad. Por supuesto, nunca la encontrarán tal como se la concibe normalmente, porque cualquier cosa que encuentren estará siempre hecha de experiencia, y la experiencia está hecha solamente de la intimidad de nuestro yo.

La sustancia última del universo es aquella de la que está hecha la experiencia. Y no tenemos que ser científicos, artistas o místicos para descubrirla. Más bien, cuando la descubrimos, nos convertimos en verdaderos científicos, artistas o místicos.

Una zanahoria, la cara de un extraño, una vieja silla en un rincón de la habitación, una galaxia lejana, una partícula subatómica, este libro... Nuestro único conocimiento de todas estas cosas es la pura experiencia de ello, nuestra propia presencia íntima.

De hecho, no tenemos ninguna experiencia de tales «cosas». Tan solo conocemos la experiencia misma. Y ¿quién conoce la experiencia? Nada ni nadie distinto de ella misma la conoce.

La experiencia se conoce a sí misma. Tan solo existe la experiencia de nuestro yo-presencia consciente, que a la vez es y se conoce a sí mismo.

Esta intimidad o ausencia de otredad es la experiencia del amor. Todo lo que es conocido es nuestro yo-presencia consciente, el cual es, se conoce y se ama a sí mismo en cada detalle de la experiencia.

LA INTIMIDAD E INMEDIATEZ DEL AHORA

Date cuenta claramente de que todo lo que conocemos es la experiencia. Pero esta no es conocida por nada o nadie que no sea ella misma. Es la experiencia la que experimenta la experiencia.

¿Dónde están el yo interior y el mundo exterior en nuestra experiencia real? Permanece íntimamente con la pura experimentación y observa si encuentras ahí el yo o el mundo.

¿Dónde está, en la experiencia pura, la línea que separa lo interior de lo exterior? Busca en la experiencia e intenta encontrar esta línea.

Esta intimidad absoluta de la experimentación pura es lo que denominamos amor. Es la ausencia de distancia, separación u otredad. Ahí no caben dos cosas. El amor es la experiencia de la pura no dualidad.

Observa claramente qué artificiales son las etiquetas «yo» y «no yo». Nunca hemos experimentado nada que no fuese nuestro yo, ni sería posible hacerlo.

Y ¿quién tiene la experiencia de nuestro yo? ¡Tan solo nuestro yo! Hay una única sustancia en la experiencia y está imbuida del conocimiento o conciencia; en realidad, está hecha de conocimiento o conciencia. En el lenguaje clásico de la no dualidad esto se expresa a veces por medio de frases como «la conciencia tan solo se conoce a sí misma», pero esto puede parecer abstracto.

Este es solamente un intento de describir la continua intimidad de la experiencia, en la que no hay lugar para un yo, objetos, personas o el mundo; ni espacio para separarse de la experiencia y encontrarla feliz o infeliz, correcta o incorrecta, buena o mala; tampoco ningún tiempo en el cual salir del ahora hacia un pasado imaginario o hacia un futuro en el que podamos evolucionar o progresar; ni ninguna posibilidad de separarse de la intimidad del amor para relacionarse con otra persona; o de conocer algo que no sea el acto mismo de conocer, de ser algo distinto que el hecho de ser, de amar algo que no sea el amor mismo; de que un pensamiento pueda intentar encasillar la intimidad de la experiencia en las formas abstractas de la mente; de que nuestro yo se convierta en un yo parcial, fragmentado; de que el mundo salte fuera ni de que el yo se contraiga dentro; no hay posibilidad de que surjan el tiempo, el espacio o la distancia.

¿Cómo podemos denominar a esta intimidad pura de la experiencia? ¿Cuál es su naturaleza? Si afirmamos que es «una», implicamos sutilmente tanto la posibilidad de que exista más de una o menos de una. Este es el motivo por el cual los antiguos, en su sabiduría y humildad, llamaron a esta comprensión «no dualidad» y no «unicidad». Sabían que decir «uno» se parecía demasiado a decir «una cosa».

Nuestro pensamiento intenta nombrar la experiencia o bien encontrar su naturaleza última. Nuestro yo-presencia consciente no hace esto. Es tan solo el pensamiento el que dice que la experiencia consiste en un cuerpo, una mente y el mundo; que el cuerpo, la mente y el mundo consisten en sensaciones, pensamientos y percepciones; que las sensaciones, pensamientos y percepciones consisten en sentir, pensar y percibir, y que el sentir, el pensar y el percibir consisten en nuestro yo. Todos estos objetos más o menos sutiles atañen tan solo al pensamiento. Y es solamente el pensamiento el que dice que todo esto son pensamientos. La experiencia no conoce tal cosa.

La experiencia no conoce el sentir, el pensar ni el percibir, y mucho menos las sensaciones, los pensamientos y las percepciones. La experiencia es demasiado íntimamente ella misma para poder separarse de sí misma y conocerse, y mucho menos conceptualizarse, como «algo». Ni siquiera se conoce a sí misma como «experiencia».

Para poder hacerlo tendría que dividirse a sí misma en dos partes, una parte que conoce, experimenta y describe y otra parte que es conocida, experimentada y descrita.

Y ¿cómo haría esto? Solo por medio de tomar la forma del pensamiento. Una vez que ha hecho esto, la intimidad pura, indescriptible y continua puede ser dividida en dos partes imaginarias, una que conoce, ama o percibe y otra que es conocida, amada o percibida.

Para hacer esto, la intimidad pura, indescriptible y continua tendría que colapsar en un yo interior separado y en un objeto o mundo exterior separado. Tendría que renunciar a la intimidad del amor y convertirse en un yo separado que se moviese por entre un mundo imaginario de objetos, tiempo y espacio. Sin embargo, esto no ocurre nunca. Todo esto atañe tan solo al pensamiento, e incluso un pensamiento es solo un pensamiento para el pensamiento.

Tarde o temprano pasa a estar claro que el pensamiento no puede ir nunca al centro de la experiencia; tan solo puede parecer que sale de ella. Cuando esto se ve claramente, el pensamiento llega a su final natural. Entonces nos encontramos sumergidos en la intimidad e inmediatez del ahora.

La intimidad e inmediatez del ahora es el único lugar en el que no puede entrar el pensamiento. El ahora es la única seguridad que tenemos. Es absolutamente vulnerable y totalmente seguro. No podemos sufrir ningún daño en el ahora, ningún dolor y ninguna muerte. Esto es en realidad lo único que anhelamos.

Como el pez en el océano que busca el agua, toda resistencia y búsqueda —es decir, el yo interior separado— ya están hechas de lo mismo que están buscando. Pero nunca pueden encontrarlo.

El pensamiento que intenta entrar en el ahora es como la polilla que intenta tocar la llama: no puede tocarla; tan solo morir en ella. Durante algún tiempo los residuos que el pensamiento ha dejado en el cuerpo continuarán surgiendo y retomando la vieja búsqueda de la paz, la felicidad y el amor; será la búsqueda por parte de un yo inexistente en un mundo inexistente de lo único que está siempre presente en la experiencia. Pero antes o después estos restos desaparecen, como un eco que se desvanece.

Parece ser que nos hemos embarcado en un largo viaje solo para descubrir que la experiencia vuelve a ser la experiencia. Esta es ahora lo que siempre ha sido. Pero algo se ha eliminado. Tal vez no sabemos cómo, por qué o cuándo ocurrió esto, o puede parecer que ha sucedido en respuesta a la intensidad de nuestra búsqueda. De cualquier manera, toda experiencia está ahora imbuida de la intimidad de nuestro propio ser.

Puede ser que nos encontremos moviéndonos de nuevo en el denominado mundo, pero esta vez sin ningún motivo. Las inclinaciones de nuestro cuerpo y mente regresan de forma espontánea, pero no dejan ningún rastro de un yo separado. Podemos encontrar que nuestro yo aún tiene deseos, pero ya no están motivados por la búsqueda de la paz, el amor y la felicidad; tan solo buscan expresar, compartir y celebrar esta paz, este amor y esta felicidad.

¿QUÉ YO ESTAMOS INVESTIGANDO?

Pregunta: *¿Qué yo estamos investigando aquí? Parece que hay un yo falso y un yo real, y que a medida que avanzamos en la investigación de la verdadera naturaleza del primero este se disuelve, lo que permite que la realidad del segundo emerja a la luz.*

El yo que estamos investigando es el yo que uno *piensa* y *siente* que es a cada momento. Es una investigación acerca de lo que *parece* ser nuestro yo, la cual lleva a la comprensión del yo que realmente *somos*.

En esta situación, *yo* es el nombre que damos a lo que sea que está conociendo o experimentando estas palabras y todas las cosas que estén siendo experimentadas, tales como el ruido del tráfico, las sensaciones corporales, nuestros pensamientos más íntimos, etcétera. Es el elemento que conoce o experimenta en cada experiencia y no es que *esté* presente, sino que *es*, por definición, presente. Por lo tanto, el acto de conocer y la presencia —el hecho de ser— son inherentes a nuestro yo. Por esta razón nos referimos a veces a nuestro yo como presencia conocedora, presencia consciente o conciencia —que es la presencia de eso que es consciente, o el conocimiento que tenemos de nuestro propio ser.

Yo soy y sé que soy.

La autoindagación es la investigación de la naturaleza de nuestro yo. ¿Qué podemos decir sobre nuestro yo a partir de la experiencia aparte de que es consciente y presente?

La mayoría de la gente da por supuesto que esta presencia consciente se halla ubicada como una entidad dentro del cuerpo y que, a la vez, *es* el cuerpo.

Sin embargo, aquí no damos nada por sentado. La única manera de averiguar lo que realmente puede decirse sobre este yo que íntimamente sabemos que somos es mirarlo.

Así pues, en este preciso instante gírate, por decirlo de alguna manera, y pon tu atención a lo que sea que es consciente de estas palabras y de cualquier otra cosa que esté apareciendo en este momento —pensamientos, sensaciones corporales, percepciones, etcétera—. Intenta encontrarlo y observarlo.

Ocurre algo extraño cuando intentamos hacer esto: aunque esta presencia consciente está (es) innegablemente presente, no podemos encontrarla como un objeto cuando la buscamos. De hecho, ni tan siquiera sabemos hacia dónde girarnos para encontrarla.

Justo ahí, en esa experiencia, la creencia de que nuestro yo-presencia consciente es una entidad localizada en el cuerpo o identificada con el cuerpo resulta expuesta y socavada.

A medida que indagamos cada vez más en esta experiencia descubrimos que no hay, de hecho, ninguna evidencia experiencial de la creencia de que nuestro yo se halla ubicado en algún lugar o limitado por algo.

Esta convicción proviene de la experiencia —la experiencia de nuestro yo de sí mismo— de que nuestro ser no tiene límites o ubicación.

Paradójicamente, cuando nuestro ser pasa a tener la evidencia de sí mismo, cuando deja de verse aparentemente modificado por el pensamiento dual, vemos al mismo tiempo que siempre hemos sido solamente esta presencia ilimitada y no localizada. Se hace evidente que para nuestro yo no ha habido nunca otro yo, un yo falso, un yo inferior o un yo personal, y que por lo tanto para nuestro yo nunca ha existido un viaje o un proceso a través del cual este presunto «otro yo» alcanza, conoce o se convierte en nuestro «yo real».

Sin embargo, mientras esto no está experiencialmente claro es inevitable que el yo interior limitado que imaginamos y sentimos que somos emprenda algún tipo de proceso, investigación o viaje. Este proceso o búsqueda, que a veces es conocido como autoindagación, está implícito en el yo separado.

Así pues, empecemos con tres posibilidades básicas acerca de lo que somos: primero, la mente y el cuerpo; segundo, los testigos de las cosas, y tercero, conciencia o presencia. Cada una de estas tres posturas de nuestro yo tiene su visión del mundo correspondiente.

La primera podría llamarse una posición de ignorancia. No empleo la palabra «ignorancia» en un sentido enjuiciador o peyorativo, sino en un sentido objetivo. En esta posición ignoramos nuestra verdadera naturaleza y, como resultado, creemos y sentimos erróneamente que somos una mente y un cuerpo.

La segunda podría denominarse una posición de sabiduría o comprensión, en la que está claro que somos la conciencia a la que o en la que aparecen todos los objetos —el cuerpo, la mente y el mundo.

La tercera podría llamarse una posición de amor, en la que está claro que no hay objetos, personas, yoes o mundo, sino solamente la continua intimidad de la experiencia pura, cuya sustancia es la presencia, la atención o la consciencia. La autoindagación pertenece a las dos primeras posiciones.

En la primera, es inevitable que la autoindagación parezca un proceso emprendido por una entidad separada hacia el objetivo de la iluminación.

La segunda, en la que ya no existe ninguna sensación de que uno es una entidad separada, es una exploración impersonal de la naturaleza del cuerpo, la mente y el mundo, de los que nos reconocemos como testigos. En esta investigación impersonal, la sutil dualidad que aparentemente existe entre el testigo y lo atestiguado se percibe cada vez más como inexistente.

Desde este punto de vista, la autoindagación es la progresiva caída de las sucesivas capas de conceptos y sentimientos con los que la conciencia parece haber sido velada.

Esto revela la tercera posibilidad, la de la conciencia misma, en que la autoindagación ha llegado a su final natural. En este caso, la conciencia se ha visto liberada de todas las superposiciones del pensamiento, tanto las burdas como las sutiles, que parecían limitarla y ubicarla, y se revela tal como es, permanente, conocedora, constituida tan solo por ella misma, íntima y absolutamente una con todo lo aparentemente manifestado.

Desde este punto de vista está claro que nunca ha habido ni un proceso hacia la conciencia ni la caída de las capas de ignorancia que aparentemente la velaban. Se ve claramente que solo existe, en todos los casos, la conciencia, la cual nunca conoce nada distinto de sí misma.

La creencia de que «yo» soy una mente implica la creencia de que «yo» estoy ubicado sobre todo en medio de la cabeza, en algún lugar detrás de los ojos, como un centro conocedor de las experiencias. Esta ubicación en la cabeza es el lugar donde se cree que reside el pensador y conocedor de las experiencias.

En realidad, el «yo» que se cree que reside en la cabeza tiene muchos disfraces, cada uno de los cuales parece justificar y validar su aparente ubicación ahí. Estos disfraces son el pensador, el conocedor, el que elige, el que decide, el planificador, el que memoriza, el juez, el que desea, etcétera.

En este momento, por ejemplo, «yo» que estoy en la cabeza parezco ser el que sabe, ve, lee y comprende. Sin embargo, si dirigimos la atención hacia ese «alguien» que conoce o ve estas palabras, no encontramos ningún tipo de objeto ahí. Este «alguien» está ahí indudablemente conociendo, experimentando y presente, pero no puede verse que tenga ninguna cualidad objetiva ni que esté ubicado en ningún lugar en el espacio.

Esta investigación de la creencia de que este yo se halla localizado y por lo tanto limitado ya ha sido descrita de varias maneras. Todo lo que conviene añadir aquí es que gracias a la visión clara de que esta creencia no cuenta con ninguna evidencia experiencial esta sencillamente se cae, ante la falta de pruebas que la apoyen.

En esta etapa tal vez aún no nos percatemos de que nuestro yo es ilimitado y no se encuentra ubicado, pero al menos sabemos que no hay ninguna evidencia de lo contrario, y este conocimiento nos abre al menos a la posibilidad de que esto sea así.

Sobre todo nos abre a explorar la aparente experiencia de nuestro yo más profundamente, es decir, a explorar la sensación de que estamos ubicados en el cuerpo.

Muchas personas tienen la comprensión intelectual de que no hay ninguna evidencia de un yo personal y limitado, pero después sabotean la exploración más profunda de la sensación del yo en el cuerpo adoptando el mantra de que «no hay nada que hacer».

La sensación de que «yo» resido en el cuerpo y soy el cuerpo es de lejos el aspecto más fuerte del yo aparentemente separado y tiene unas raíces más profundas, por así decirlo, que la creencia en el yo separado.

De nuevo, ya he dicho mucho acerca de la sensación de que «yo» estoy en el cuerpo y soy el cuerpo, de modo que ahora basta con afirmar que la autoindagación, en este nivel, implica una exploración experiencial de la «yoidad» de las sensaciones corporales.

Muchas explicaciones contemporáneas sobre la autoindagación la han reducido a un ejercicio mental simplista consistente en una repetición de esta pregunta: «¿Quién soy yo?».

Sin embargo, la sensación del aparente yo separado persiste, la mayoría de las veces, mucho después de que la creencia en una entidad separada haya sido socavada.

Por este motivo, la autoindagación también implica una exploración del sentido del yo en el nivel de las sensaciones.

En este caso, el proceso de investigación en el nivel de la mente es llevado a una exploración contemplativa y silenciosa de las capas más ocultas del sentido del yo separado que se hallan en el cuerpo.

En esta exploración permitimos que las capas más profundas, tales como sentimientos de miedo, culpa, vergüenza, inadecuación, desamor, etcétera, afloren a la superficie sin resistirnos a ello y sin manipularlas, de modo que van revelando lentamente el sentido de separación que reside en su núcleo.

En muchos casos esta profunda exploración de la experiencia es la que distingue la comprensión intelectual de la experiencia real.

Esta investigación deja a nuestro yo natural y espontáneamente y sin esfuerzo liberado de la superposición de pensamientos y sentimientos con los que parecía verse limitado y ubicado, y se conoce a sí mismo como el testigo de la mente, el cuerpo y el mundo.

En este punto vemos el cuerpo, la mente y el mundo al mismo nivel, por así decirlo; nada está más cerca o más lejos de nuestro yo que ninguna otra cosa; nada es más o menos íntimo. Todo es «no yo». Advertimos que todo lo que surge en el cuerpo, la mente y el mundo se le aparece a esta presencia atestiguadora de la conciencia. A medida que esta exploración avanza, se experimenta que el cuerpo, la mente y el mundo no se le aparecen *a* la conciencia, sino que aparecen *en* la conciencia, y, con el tiempo, no *en* la conciencia sino *como* conciencia. La conciencia es conocida como la mismísima *sustancia* de todos los objetos.

En esta etapa podemos preguntar: ¿qué son estos objetos cuya sustancia es la conciencia? Se hace evidente que en realidad no hay objetos de los cuales la conciencia sea la sustancia. Se ve que la conciencia es tan solo la sustancia de sí misma.

Esto lleva espontáneamente y sin esfuerzo al cese de toda autoindagación o razonamiento superior y a una mera permanencia como presencia. Ahora únicamente tomamos nuestra posición, con conocimiento de causa, como esta presencia, y nos atenemos a ello.

De manera que la autoindagación es, para la mente, un proceso de investigación y exploración que da lugar de forma natural a lo que es, desde la recientemente establecida posición del testigo, una develación de las limitaciones aparentes, que da paso, a su debido tiempo, a la simple permanencia del único yo que existe.

Aunque la primera etapa puede parecer un poco más activa que la posición más pasiva y contemplativa del testigo, en ninguna etapa hacemos ninguna otra cosa que preguntar y mirar. De hecho, podríamos decir que tan solo miramos, y que en este mirar se caen progresivamente las capas de la aparente superposición.

De todas maneras, deberíamos enfatizar que en ningún momento hay ninguna entidad que emprende un camino o se somete a un proceso.

Imagina un actor en el rol de Hamlet. La autoindagación es el proceso por el cual Hamlet pregunta: «¿Cuál es mi verdadera naturaleza?», o, simplemente: «¿Quién soy?». Y bien que podría preguntárselo. Porque, después de todo, ¿quién es él, el actor o un conjunto de ropas? En calidad de actor sabe que es él mismo y que nunca se ha convertido en Hamlet; en calidad de Hamlet, es una entidad ficticia que se limita a unas ropas y a unas líneas que declama. La entidad aparentemente separada que denominamos «yo» sería como Hamlet en este caso.

En otras palabras, el yo que está siendo indagado es el único yo que existe. Este yo parece, durante un tiempo, limitado, pero más tarde se descubre que es ilimitado.

Durante la investigación, las limitaciones aparentes de este yo se caen naturalmente y sin esfuerzo, dejando al descubierto solo al mismísimo yo, desnudo, por así decirlo, inalterado por ninguna de las aparentes superposiciones de la mente.

Podríamos decir que a medida que la indagación va más a lo profundo dentro del sentido del yo se ve más claramente que todas esas cualidades que le superpuso la mente no tienen en realidad ningún poder de limitarlo. Como consecuencia, ese mismo yo resplandece tal como es, ilimitado y no ubicado, y conoce su propio ser con su propia luz.

Esta explicación ha sido escrita para alguien que crea y sienta que es una entidad limitada y, como resultado, se exponga a un proceso de autoindagación para descubrir la verdad del asunto.

Cuando la conciencia se ve como totalmente independiente de todas las superposiciones del cuerpo y la mente que parecen limitarla, también nos damos cuenta de que la entidad que nosotros pensábamos y sentíamos que éramos nunca existió.

La entidad aparentemente separada no emprendió un proceso de autoindagación ni se descubrió a sí misma como una conciencia ilimitada y sin ubicación. En realidad siempre existe solo esta conciencia ilimitada y no ubicada, cuyo conocimiento de su propio ser parece verse a veces velado por la creencia en un yo separado y por la sensación de este yo separado.

Así pues, ahora podemos reformular lo que es la autoindagación desde esta perspectiva más profunda, aunque esta formulación también es inevitablemente limitada. Podemos decir que la conciencia toma la forma de un pensamiento que parece limitarla y ubicarla dentro de un cuerpo. En consecuencia, nuestro yo-conciencia parece conocerse a sí mismo como una entidad, como un cuerpo. Cuando retira esta proyección, vuelve a conocerse tal como es, ilimitado y no ubicado.

Es tan solo la entidad aparente la que considera que la autoindagación es un proceso mental. Cuando se ve que esta entidad no existe y por lo tanto no puede indagar en su propia naturaleza o hacer ninguna otra cosa, se hace evidente que únicamente existe, siempre, la conciencia, y que la autoindagación solo significa permanecer deliberadamente como esta presencia. Es decir, la autoindagación es en última instancia permanecer deliberadamente en y como nuestro propio ser.

Podríamos decir que la autoindagación es como una imagen en una pantalla que se desvanece lentamente. Lo que parecía ser un objeto o entidad (la imagen) revela ser tan solo pantalla. Es decir, el yo aparente revela estar hecho, y haber estado siempre hecho, del único yo real, la conciencia.

Nunca hay otra cosa que conciencia, la cual a veces parece ser limitada y local, aunque la verdad es que nunca ha hecho más que existir y conocer su propio yo ilimitado.

La yoidad del yo interior separado se ve liberada de todos los pensamientos y sentimientos superpuestos con los que el yo parecía convertirse en un ente separado, limitado y localizado, y este mismo yo se revela como el verdadero y único yo de la conciencia.

SOY ALGO, NADA O TODO

Date cuenta claramente de que esta presencia consciente sensible, esta nada, esta *nadedad* que denominamos nuestro yo es, de hecho, la sustancia, la realidad de todo.

La creencia y la sensación de que «yo soy algo» es una posición de ignorancia, en el sentido de que presupone ignorar la verdadera naturaleza de nuestra experiencia. Es una posición imaginaria. En cambio, la posición en la que nos conocemos como nada, como ninguna cosa —como la abierta, vacía y luminosa presencia de la conciencia— es una posición de sabiduría o iluminación.

Y la posición en la que nos conocemos a nosotros mismos como la sustancia de todas las cosas aparentes —la sustancia de todas las manifestaciones aparentes de la mente, el cuerpo y el mundo— es una posición de amor, de pura intimidad, en la que no hay lugar para un yo interior y un mundo exterior.

Estas son las tres únicas opciones que tenemos disponibles: «soy algo», «no soy nada» o «lo soy todo». Somos libres de decidir a cada momento en cuál nos situamos y nuestra experiencia reflejará cualquier posición que elijamos. La experiencia parecerá confirmar nuestra postura.

Si creemos que somos un cuerpo y una mente, el mundo parecerá ser muy real; se corresponderá con nuestra creencia y parecerá confirmarla.

Si consideramos que somos la presencia abierta y vacía de la conciencia, a la que se le aparecen, o en la que aparecen, los objetos del cuerpo, la mente y el mundo, nuestra experiencia parecerá coherente con esta posición. Nos conoceremos a nosotros mismos como el trasfondo desapegado e imparcial de la experiencia. Conoceremos nuestra libertad innata y la paz y la felicidad que están en el núcleo de toda experiencia.

Y si nos conocemos a nosotros mismos no solo como los testigos de la experiencia sino también como su sustancia, es decir, si tomamos la posición de que «lo soy todo», nuestra experiencia del mundo confirmará y validará esta comprensión. Experimentaremos el amor como la condición natural de toda experiencia.

En otras palabras, nuestra experiencia siempre aparece en conformidad con nuestra comprensión.

Podemos experimentar con estas tres posibilidades por turnos y ver qué respuesta obtenemos del universo. Puesto que será esta respuesta, es decir, la respuesta que nos llegue durante nuestra experiencia, la que confirmará cuál de estas posibilidades es verdadera.

¿De qué manera llega esta confirmación? ¿De qué manera puede convencernos realmente la experiencia de que la posición en la que nos encontramos está alineada con la realidad? ¿Consiste en una comprensión intelectual de la no dualidad?

¡No!

La experiencia que pueda convencernos de que nuestra comprensión, posición o actitud es verdadera tiene que ser la experiencia que más valoramos en la vida. Y ¿qué es lo que más valoramos en la vida? La experiencia de la felicidad. Esta es la manera en que el universo nos confirma que nuestra comprensión es verdadera. La felicidad o cualquiera de sus sinónimos, como paz, amor o belleza, es la confirmación más elevada que podemos recibir.

La felicidad es la manera como la experiencia se dice «sí» a sí misma cuando ha sido despojada de todas las creencias y sensaciones erróneas.

RENDIRLO TODO A LA PRESENCIA

A veces podemos no tener ganas de emprender la investigación detallada del pensamiento del yo en el nivel de la mente o la exploración de la sensación del yo en el nivel del cuerpo. En estas ocasiones podemos sencillamente rendirlo todo a la presencia consciente que íntimamente sabemos que somos.

Esta rendición puede adoptar dos formas. Si para nosotros es evidente que lo que somos es esta presencia abierta, vacía y espacial de la conciencia, en la que surgen los objetos aparentes del cuerpo, la mente y el mundo, basta con que nos posicionemos como esta presencia.

Simplemente tomamos nuestra posición de forma deliberada como esta presencia y permitimos que todo tenga lugar en su interior sin ninguna otra intención o interferencia, de la misma manera que el espacio de una habitación permite todo lo que tiene lugar en ella.

Sin embargo, si nos parece que somos algo distinto de esta presencia, o, en otras palabras, si pensamos y sentimos que somos un yo interior separado, nuestra rendición puede ser un poco más activa. Puede adoptar la forma de una ofrenda. Ofrecemos nuestros pensamientos, sensaciones y percepciones a esta presencia.

Tanto si nos posicionamos como esta presencia abierta y permisiva como si se lo ofrecemos todo, ambas actitudes son, de hecho, idénticas. No hay nada que no pueda ser permitido u ofrecido, ya se trate de nuestros pensamientos más triviales o de nuestros sentimientos más profundos y oscuros. Lo permitimos todo, lo ofrecemos todo.

Para empezar podemos permitir u ofrecer los pensamientos, sentimientos y sensaciones más obvios —los pensamientos de cuando soñamos despiertos, los sentimientos cotidianos o las sensaciones corporales—. Sin embargo, con el tiempo podemos descubrir que el propósito de los pensamientos propios del soñar despiertos, de estos regueros de pensamiento que no paran de realizar pequeñas excursiones al pasado y al futuro, es precisamente evitar que seamos conscientes de capas más profundas de sensaciones/sentimientos en el cuerpo que pueden ser más incómodas.

Estos pequeños regueros de pensamiento encuentran maneras eficaces de atrapar nuestra atención, de tal modo que nunca tenemos que sentir plenamente los sentimientos más recónditos, oscuros e incómodos, que permanecen, como resultado, enterrados profundamente a salvo dentro del cuerpo, y raramente asoman.

Estos sentimientos subconscientes constituyen la ubicación real del sentido de separación y habitualmente los evitamos con éxito por medio del pensar o de la adicción a sustancias y actividades. Como resultado, el yo separado que encubren permanece intacto. De esta manera, el cuerpo se convierte en un refugio para la sensación de separación.

Aunque estos sentimientos más profundos no se ven o no se sienten la mayor parte del tiempo, influyen sutilmente en los pensamientos, sentimientos, actividades y relaciones que son más fácilmente percibidos, e incluso los dictan.

De hecho, todas las adicciones constituyen una extensión o modulación de nuestra adicción primaria: la adicción a pensar. Cuando el pensamiento incesante, con sus excursiones al pasado y al futuro, ya no tiene el poder de aliviar estos sentimientos incómodos —los sentimientos o sensaciones de carencia, incomodidad, indignidad, fracaso, inadecuación, pérdida, desesperación, etcétera—, acudimos a medios más extremos, como la adicción a sustancias o actividades, con el fin de evitar tener que afrontar estos sentimientos o sensaciones plenamente.

Tan pronto como surge la sensación de incomodidad acudimos a la sustancia o actividad elegida. En consecuencia, la sensación de incomodidad disminuye temporalmente y experimentamos un breve respiro en el que la paz de nuestra verdadera naturaleza resplandece por un momento, aliviando así la mente y el cuerpo de sus tensiones y ansiedades. Pero la mente atribuye este atisbo de satisfacción y paz a la actividad o sustancia, lo que tan solo refuerza ese hábito.

En algún momento tal vez veamos toda esta estrategia de evasión y búsqueda y tengamos la claridad y la valentía de afrontar los sentimientos que hemos estado evitando durante tanto tiempo.

Esto puede producir una rebelión en nosotros y, en consecuencia, el cuerpo hará todo lo que pueda para volver a implicar nuestra atención en la actividad de reprimir, evitar, negar y buscar. Sin embargo, si somos valientes y amorosos, podemos permitir que este despliegue de energías fluya a través de nosotros sin que nuestro yo se convierta en su cómplice.

De esta manera, y sin darnos cuenta de ello en primera instancia, estamos tomando nuestra posición como presencia consciente y, al hacerlo, estamos despojando a estos sentimientos de lo único que necesitan: nuestra atención. A estos sentimientos no les importa si están siendo consentidos o reprimidos; prosperan igualmente en ambos casos.

Si tenemos el valor y la claridad de no huir de ellos por medio de actividades y sustancias, y tampoco por medio de formas más sutiles de evasión tales como el aburrimiento, la anticipación, el miedo, la expectativa, la duda, etcétera, capa tras capa de estos sentimientos serán expuestas a la luz de la presencia. Todos ellos son las variadas formas que adopta el yo interior separado, y lo único que el yo imaginario no puede soportar es ser visto con claridad. Este yo prospera al pasar inadvertido; como una sombra, no puede tolerar la luz.

No es necesario hacer nada con estos sentimientos. Nuestro yo-presencia consciente no tiene ningún plan para ellos. Nada es un problema para nuestro yo. Tan solo un yo imaginario querría deshacerse de ellos. De hecho, querer librarse del yo separado es una de las maneras sutiles en que este se perpetúa a sí mismo.

No se requiere nada más que este permiso o que esta ofrenda. En el pasado, el cuerpo y la mente se apropiaron de nuestro ser —esta presencia abierta, vacía y permisiva— y este pareció asumir sus propiedades. De esta manera nuestro yo pareció volverse limitado, localizado, denso, sólido; pareció tener cierta edad y un determinado género, y estar destinado a morir.

Esta rendición u ofrenda es la reversión de este proceso. En vez de que nuestro ser adopte las cualidades del cuerpo y la mente, el cuerpo y la mente empiezan a asumir las cualidades de esta presencia abierta, transparente y vacía.

Es como poner un terrón de azúcar en un vaso de agua caliente. El agua no hace nada y el terrón de azúcar no hace nada. Sin embargo, el terrón lentamente se vuelve como el agua. Pierde su nombre y su forma. Las cualidades del agua —transparencia, calor, apertura, vacío— se ocupan del terrón de azúcar; el agua lo disuelve en ella.

Esto es semejante a lo que ocurre en este permiso u ofrenda. Nadie hace nada a nadie ni a nada.

El mismo que parece estar haciendo la ofrenda es ofrecido. El cuerpo, la mente y el mundo sencillamente se rinden y, a su vez, son permeados y empapados por la transparencia, la apertura, el vacío y la intimidad de nuestro propio ser.

Los miedos, ansiedades y tensiones que caracterizan al yo interior separado se disuelven lentamente en esta transparencia, no por medio del esfuerzo, la disciplina o la manipulación del cuerpo o la mente sino de manera espontánea y sin esfuerzo.

Permite que la presencia se haga cargo de todo. Todo lo que está presente está sólo presente porque ha sido totalmente aceptado por la conciencia. Si no hubiese sido aceptado por la conciencia, no estaría apareciendo. De hecho, todo lo que aparece no es solamente *aceptado* por la conciencia. Es *amado* por ella. Como dijo William Blake: «La eternidad está enamorada de las producciones del tiempo».

El amor, o la intimidad pura, es la única experiencia de la que tiene conocimiento la conciencia. Cualquier cosa que surge, incluidos nuestros sentimientos más profundos y oscuros, es amada de un modo total e incondicional por nuestro yo-presencia consciente.

La presencia tiene tanta intimidad con toda experiencia que no conoce la infelicidad o el dolor emocional. El dolor emocional siempre implica el rechazo de la situación presente. En cambio, la presencia no puede rechazar nada. Está inherentemente abierta y no ofrece resistencias. Todo rechazo, y por lo tanto todo dolor, pertenece al ámbito del yo imaginario; no tiene nada que ver con el único yo real que existe, la presencia consciente.

Normalmente pensamos que tenemos que evitar el dolor. La realidad es justamente lo contrario. Lo único que no puede soportar el dolor es ser abrazado. No logramos el final del sufrimiento por medio de escapar de él acudiendo a sustancias o actividades o encerrándonos en una torre de marfil de perfeccionismo espiritual. Lo logramos abrazando la situación tan íntimamente que no hay lugar para la menor resistencia a ella.

Y ¿qué ocurre con el dolor cuando lo permitimos completamente, sin resistirnos a él? El nombre que le damos a la experiencia cuando no hay ni el más mínimo impulso de evitarlo es paz y felicidad. Esto es lo que constituye todo dolor: paz y felicidad, finamente veladas por el intento de evitar el dolor.

Todo aquello que hemos estado anhelando reside en el centro de toda experiencia, esperando solamente a ser reconocido. Todo lo que se requiere es dejar de evitar lo que es, dejar de intentar ir a un pasado o un futuro imaginarios.

Sencillamente, el dolor no puede resistir el ahora. Necesita un pasado o un futuro para sobrevivir.

Toda búsqueda nos lleva al futuro y, por definición, vela la paz y la felicidad que están siempre presentes en el centro de la experiencia.

Las primeras palabras que escuché de mi maestro fueron: «La meditación es un "sí" universal a todo». Todo lo que dijo después no fue más que un comentario a estas palabras, aunque no me di cuenta de ello durante algún tiempo. Todo empezó con eso y acabó con eso. Llegado un punto, el amor y la meditación son indistinguibles.

> El amor es un lugar
> y, a través de este lugar de amor,
> se mueven todos los lugares,
> con el brillo de la paz.

> El sí es un mundo
> y, en este mundo de sí,
> viven todos los mundos,
> hábilmente enroscados.

E. E. CUMMINGS

NO HAY PROBLEMAS

Tú, presencia consciente, no tienes problemas, de la misma manera que el espacio de una habitación no tiene problemas con nada que aparezca en ella.

El hecho de que algo esté apareciendo significa que tú, presencia consciente, has dicho ya que sí a ello. Dicho de otra manera, no hay problemas reales. Los problemas los tiene solamente el yo que el pensamiento imagina que nosotros somos; nunca los tiene nuestro verdadero yo, nuestra presencia consciente.

Imagina que arrojas una pelota dentro de una habitación. La pelota no es ningún problema para el espacio. De hecho, el espacio no cuenta con ningún mecanismo con el que poder resistirse a la pelota. Tan solo algún otro objeto que esté en ese espacio podría hacerlo.

El yo separado es como ese objeto. Es un pensamiento o sentimiento que emerge en el espacio de nuestro yo y que se resiste a lo que acontece. Esta resistencia convierte una situación neutral en un problema. Esta resistencia convierte a nuestro yo en una entidad separada y al mundo en un problema.

En ausencia de esta resistencia existen tan solo la inmediatez y la continua intimidad de la experiencia, en la cual no hay tiempo ni lugar para ningún personalismo, otras personas u objetos.

La experiencia pura no está hecha de partes, yoes, objetos o personas que luchen los unos con los otros. La experiencia es íntima y no presenta discontinuidades. Tan solo hay un todo continuo.

Un problema es siempre una parte imaginaria que lucha con otra, un objeto que lucha con otro. Pero en la experiencia no hay realmente partes separadas, yoes, objetos ni personas. Los problemas pertenecen siempre al pensamiento —un pensamiento lucha con otro, o un sentimiento se resiste a una situación—. Todos estos pensamientos y sentimientos aparecen *en* nuestro yo, pero no son *de* nuestro yo.

El pensamiento o sentimiento que se resiste tampoco es ningún problema para nuestro yo. No es más que otra pelota que vuela por el espacio vacío. El pensamiento o sentimiento que se resiste, del cual está hecho el yo imaginario, es un problema tan solo para el yo imaginario.

Únicamente el yo separado querría deshacerse del yo separado. De hecho, solo el yo separado *ve* al yo separado.

Aunque, en realidad, el yo separado no puede *ver* nada. Es *visto*. La separación y los problemas que la acompañan tienen lugar solo desde el imaginario punto de vista de la separación. Y, realmente, este punto de vista no existe. La separación y todo lo que se deriva de ella, como los problemas, es siempre imaginario.

Nuestro verdadero yo no conoce ni ve ninguna separación. No sabe de un yo separado ni de un mundo separado. Tan solo conoce la inmediatez y la intimidad de la pura experiencia, sin partes, separaciones, yoes, objetos ni otredades. Es decir, tan solo conoce el amor.

Nuestro yo imbuye toda experiencia, de la misma manera que la pantalla imbuye la imagen. Aunque, de hecho, la pantalla no *imbuye* la imagen: no hay otra imagen que la pantalla.

Imagen es el nombre que le damos a la pantalla cuando esta parece ser *algo distinto de* la pantalla. *Partes*, *separación*, *yoes*, *objetos* y *personas* son las denominaciones que le otorgamos a la experiencia cuando esta parece ser algo distinto de nuestro yo-presencia consciente-intimidad pura.

¿Cómo podría querer nuestro verdadero yo deshacerse de la sensación de separación cuando ni tan solo ve esta separación? ¿Quién ve un problema y quiere deshacerse de él? Tan solo el yo imaginario.

Es la presencia aparente de este yo imaginario la que convierte una situación neutral en un problema que hay que resolver.

No es posible lidiar con un problema inexistente. Al lidiar con los problemas garantizamos su realidad. Los problemas prosperan en la atención que les damos. En realidad, están *hechos* de la atención que les damos.

Cuando no nos resistimos a lo que está presente y cuando no buscamos lo que *no* está presente —en otras palabras, en la ausencia de la actividad que *es* el yo separado—, tan solo existe la situación presente, una sustancia continua, y todo lo que necesiten nuestro cuerpo y nuestra mente será orquestado por el todo a favor del todo.

Si hay una emergencia, puede requerirse que nuestro cuerpo y nuestra mente respondan con energía. Sin embargo, el yo imaginario no estará presente en la respuesta, la cual, a resultas de ello, se verá libre de las distorsionadoras lentes de la separación a través de las cuales la experiencia se ve filtrada tan a menudo. En este caso, el cuerpo y la mente jugarán su papel en la situación; contribuirán a lo que esta requiera con precisión y eficacia. Cuando la emergencia haya pasado, el cuerpo y la mente volverán a su estado natural de apertura, transparencia y sencillez, sin dejar restos o trazas.

De esta manera, el cuerpo y la mente nunca se convierten en un refugio para el sentido de la separación, y su sensibilidad natural permanece intacta. Asimismo, el mundo nunca es un objeto distante, separado e inerte. Permanece vibrante, vivo e íntimo y nuestras acciones están siempre alineadas con él, porque proceden del interior del mundo mismo, y no de un mundo exterior imaginario.

LA FELICIDAD ES LA PRÁCTICA ESPIRITUAL MÁS ELEVADA

Pregunta: *Muchos maestros dicen que no hay nada que pueda hacer el presunto individuo en vistas a la realización de la verdadera naturaleza de la experiencia. ¿Es esto cierto?*

Si hay una creencia y, lo más importante, una sensación de separación, una sensación de que estoy ubicado en un cuerpo y soy un cuerpo, esta creencia y esta sensación velan la realidad de nuestra experiencia; hacen que parezca que hay un yo separado «aquí» y un objeto, persona o mundo separados «allí». De hecho, esta creencia y este sentimiento tan solo *parecen* velar la realidad de nuestra experiencia, pero *en verdad* nunca lo hacen. La realidad de nuestra experiencia es que somos la presencia ilimitada, no ubicada y consciente que empapa íntimamente toda experiencia.

Cuando aparentemente se vela nuestra verdadera naturaleza, la paz y la felicidad que le son inherentes también son veladas. Este velamiento de la felicidad es la experiencia del dolor o sufrimiento, e inherente al sufrimiento tenemos la búsqueda de la felicidad.

Si no buscáramos la felicidad, es decir, si estuviésemos plenamente satisfechos con la situación actual, no habría sufrimiento.

Así pues, el velamiento de la felicidad, el sufrimiento y la búsqueda de la felicidad son sinónimos. Otro nombre para esta búsqueda es *el yo interior separado*.

Este yo interior separado no es una entidad; es la actividad de resistirse y buscar y, por lo tanto, la actividad de sufrir.

No es tanto que la aparente entidad separada *busca* la felicidad como que esta entidad *es* la búsqueda de la felicidad.

Si vemos que nuestro sufrimiento surge en la conciencia junto con todo lo demás y creemos, como resultado, que no podemos hacer nada al respecto, nos estamos engañando. El sufrimiento es, por definición, una resistencia a la situación actual y la inevitable búsqueda de una alternativa en el futuro. Si no hay ninguna resistencia a la situación presente, no hay sufrimiento.

Por lo tanto, si la situación actual es la experiencia del sufrimiento y no hay absolutamente ninguna resistencia a él, el sufrimiento no puede permanecer, puesto que *es* resistencia. Entonces el sufrimiento se transforma inmediatamente en felicidad.

De hecho, el sufrimiento se revela como felicidad tan pronto como cesa toda resistencia a él. Así pues, la felicidad es también la naturaleza esencial del sufrimiento. Permanece en silencio en el centro de toda experiencia, incluido el sufrimiento, esperando a ser reconocida, esperando a que depongamos nuestra resistencia, esperando a que tengamos el valor y el amor que nos hagan girarnos, por así decirlo, y afrontar el sufrimiento sin el más mínimo deseo de resistirnos a él o alejarnos de él.

Es por eso por lo que incluso en nuestros peores momentos de desesperación nunca somos totalmente tomados por la infelicidad. Si lo fuéramos, no habría sitio para nada más; no habría tan siquiera espacio para que el pensamiento separase un yo que mirase el sufrimiento e intentase deshacerse de él. Entonces habría una no dualidad perfecta, y por lo tanto una felicidad perfecta.

En otras palabras, no existe algo así como el sufrimiento absoluto. El sufrimiento está siempre mezclado con algo más, con un deseo de deshacerse de él en un futuro imaginario, es decir, con un deseo de felicidad.

Sin embargo, existe una felicidad absoluta que no se mezcla con el más mínimo matiz de ninguna otra cosa. Esta felicidad es nuestro yo.

Por lo tanto, si hay infelicidad es porque estamos tomando nuestra posición como yo interior separado. En este caso el yo imaginario no puede decir que todo, incluida su propia infelicidad, está surgiendo en la conciencia, porque el yo separado es precisamente la creencia de que algunas cosas —tales como nuestro yo— *son* conciencia mientras que otras —como los objetos y el mundo— *no lo son.*

Así pues, ser infeliz y afirmar legítimamente que «no hay nada que hacer al respecto» es una contradicción. La entidad separada ya es un *hacer*, un rechazo de la situación actual, una búsqueda de la felicidad. *Es* la actividad de sufrir y buscar.

Si pensamos que no se puede hacer nada, nos estamos engañando. Estamos aplicando un barniz de «no dualidad» sobre sentimientos incómodos que no tenemos el valor ni la inteligencia de afrontar.

En este caso, la no dualidad se ha convertido en nuestra nueva religión, la cual estamos usando para evitar afrontar con honestidad y valor nuestra experiencia. En este caso, el yo aparentemente interior y separado se ha apropiado de las enseñanzas sobre la no dualidad y las está utilizando en defensa propia.

Esta posición no es más que una creencia y no toca las capas mucho más profundas de sufrimiento que viven como sensaciones en nuestro cuerpo. De hecho, con cuanta más vehemencia afirmemos nuestra nueva religión de que «no hay nada que hacer», más permanecerá el yo separado en el cuerpo, más seguro se sentirá ahí enterrado.

Pero tarde o temprano, en la privacidad de nuestros corazones, nuestro sufrimiento reaparecerá e impulsará de nuevo nuestra búsqueda de la felicidad.

Si sentimos que no hay nada que hacer, nos encontramos de hecho, en una posición incluso peor que alguien que no haya escuchado nunca estas enseñanzas, puesto que no solo estaremos sufriendo sino que también estaremos, por un complejo acto de razonamiento, negándonos los medios por los cuales podemos ver el origen y, por lo tanto, la resolución de nuestro sufrimiento.

Al menos alguien que esté sufriendo y buscando honestamente una solución tiene la posibilidad de explorar su experiencia y llegar a una comprensión de la naturaleza del sufrimiento.

Lo único que el sufrimiento no puede soportar es ser comprendido, esto es, ser visto claramente. El sufrimiento es, en última instancia, una ilusión, pero con el fin de verlo como tal tiene que afrontarse con valor y percibirse con claridad.

La única manera de salir del sufrimiento es pasar a través de él. Si nos negamos esta posibilidad, estamos atascados. Estamos haciendo uso de una negación disfrazada de aceptación, de un miedo disfrazado de paz.

La verdadera enseñanza es siempre espontánea y puede adoptar una gran variedad de formas para adaptarse a las necesidades del momento. La prescripción «no hay nada que hacer» es una de las posibles formas de la enseñanza. Si acude en el momento como una respuesta de amor e inteligencia a una cuestión o situación en particular, será perfecta. Pero si la aplicamos como una respuesta mecánica a todas las preguntas, perpetuará la ignorancia que intenta erradicar. De hecho, en este caso provendrá de la ignorancia.

La verdadera enseñanza no está en las palabras; está en el amor y la comprensión de los que proceden las palabras y con los cuales estas son permeadas.

Las palabras son tan solo el envoltorio de la enseñanza. Son importantes, pero solamente en la medida en que conduzcan a su lugar de origen. Como tales, y en boca de un maestro o amigo hábil y sensible, serán usadas de muchas maneras y en una gran variedad de expresiones. Esto dependerá de la situación del momento e incluirá, de vez en cuando, expresiones que parecerán transigir con la entidad aparentemente separada y su corolario, el mundo aparentemente exterior.

Del mismo modo, si la enseñanza proviene de un análisis intelectual inteligente y presenta las palabras en formulaciones perfectamente no duales pero faltas del perfume del amor y la comprensión experienciales, no podrá decirse que estas palabras expresen una auténtica no dualidad. La no dualidad es una experiencia viva, no una fórmula mecánica.

Así pues, ¿qué hay que hacer? Busca la comprensión. No una comprensión intelectual sino experiencial, la visión clara.

El sufrimiento depende de la ignorancia, es decir, de la ignorancia de la verdadera naturaleza de la experiencia. Prospera al pasar inadvertido. No puede soportar ser visto claramente. Se desvanece como una sombra cuando arrojamos luz sobre ella. Nunca puede ser encontrado. Es por eso por lo que en la India se refieren a la «ilusión de la ignorancia» y no sencillamente a la «ignorancia».

Haz todo lo que debas hacer para ver que la ignorancia y todo lo que se basa en ella no existe. «Lo que debe hacerse» puede variar en cada caso. Cada uno tiene que saber por sí mismo qué es lo que debe hacer.

El hecho de que «no hay nada que hacer» ni «nadie que lo haga» puede ser el *resultado* de esta investigación. Si lo es, se convertirá en nuestro propio conocimiento imperturbable; no lo cuestionaremos ni necesitaremos que ninguna fuente externa nos lo confirme.

Sin embargo, excepto en casos muy raros, esta investigación de la creencia en la separación en el nivel de la mente y la exploración más profunda de la sensación de estar ubicado en un cuerpo y de ser un cuerpo es un prerrequisito para esta comprensión experiencial. Sin ella, las afirmaciones de que «no hay nada que hacer» ni «nadie que lo haga» se convierten tan solo en una nueva creencia y la no dualidad y el advaita degeneran de una comprensión viva y experiencial a una religión.

Es cierto que cuando se reconoce que tan solo la presencia verdaderamente *es*, a la vez se comprende que la entidad separada y su sufrimiento son y siempre han sido inexistentes, y por lo tanto las ideas en cuanto a lo que esta entidad aparente podría o no hacer dejan de surgir.

Sin embargo, y mientras esta no sea nuestra propia comprensión experiencial, lo mejor que podemos hacer es investigar la aparente dualidad de la experiencia, puesto que es esta aparente dualidad la que vela la felicidad, la paz y el amor que anhelamos. Es decir, podemos investigar el yo interior y el mundo exterior.

No importa con cuál de los dos empecemos, puesto que ambos son, de hecho, las dos caras de la misma moneda. Sin embargo, si empezamos con el mundo muy rápidamente, tendremos que tener en cuenta quién percibe el mundo. «Yo» es el nombre que le damos a este presunto perceptor del mundo. De ahí que sea habitual empezar con el yo interior separado.

La primera forma en que aparece el yo interior separado es una creencia. Esta creencia ya ha sido examinada con mucho detalle, por lo que ahora basta con decir que la investigación de la creencia en la separación es, de hecho, tan solo un preludio de la más profunda exploración de los sentimientos de separación.

Muy pocas enseñanzas abordan tan siquiera este ámbito. En el mejor de los casos se sigue el rastro de los sentimientos hasta las historias que los desencadenaron: lo que nuestros padres nos hicieron o no nos hicieron en la infancia, cómo nuestras parejas, hijos, jefes, etcétera, nos trataron... Pero esto no constituye en realidad una exploración de nuestros sentimientos. Constituye una exploración de las historias sobre nuestros sentimientos, pero no de los sentimientos mismos. Es otro aspecto de la investigación en el nivel de la mente.

Los sentimientos viven en el *cuerpo* y constituyen, con mucho, el factor principal de la sensación de separación. De hecho, están alojados en el cuerpo por capas; cada capa está oculta por la que la cubre, y cuanto más interior la capa, más sutil es. El miedo a la desaparición y el sentimiento de que algo falta son las dos manifestaciones principales del yo interior separado que han colonizado el cuerpo y lo han convertido en una red de contracciones, tensiones y resistencias que encubren su apertura y transparencia naturales.

De hecho, nuestro verdadero cuerpo es el cuerpo de la presencia consciente, pero el yo imaginario se ha apropiado de esta presencia y la ha convertido en una entidad que parece ser sólida y densa. Esta densidad está formada por capas de sentimientos que, de un modo invisible, dictan nuestras posturas, movimientos y actividades.

Las dos principales ubicaciones de las sensaciones de estar separados dentro de un yo son la zona de la cabeza —donde vivo «yo» el que pienso— y el pecho —donde vivo «yo» el que siento—, pero esto constituye un análisis superficial. La cabeza en sí está colonizada por estas tensiones: el «yo» que veo ubicado detrás de los ojos, el «yo» que oigo ubicado justo dentro de las orejas, el «yo» que saboreo o hablo ubicado en la boca, el «yo» que huelo ubicado en la nariz.

En realidad, cada sentido, y por lo tanto cada percepción sensorial, tiene su correspondiente sensación de «yo» en la cabeza. De modo que existe el «yo» que siente o ama en la zona del pecho, el «yo» hacedor en las manos, el «yo» que se mueve, el «yo» que camina, etcétera. Todos estos yoes están entretejidos en una tela densa, que presenta múltiples capas de yoidad e imbuye todo el cuerpo. La exploración de esta yoidad en el cuerpo es la primera revelación de esta tela y, por lo tanto, el inicio de su disolución.

La yoidad del cuerpo podría compararse con una caja llena de viejas fotos de familia que se remontan hasta nuestra primera infancia. Las fotografías de arriba son muy definidas y fáciles de descifrar. Sin embargo, a medida que bajamos se vuelven más descoloridas; empiezan a perder su claridad y nitidez.

Con las sensaciones del yo separado ocurre algo semejante. Las más evidentes pueden experimentarse como una sensación general en la cabeza y el pecho, pero a medida que se ven claramente se revelan las capas más sutiles de las sensaciones de yoidad que se hallan alojadas en el cuerpo. Lo único que no pueden soportar estas sensaciones es ser vistas con claridad, puesto que cuando las vemos claramente, las comprendemos y sentimos como meras sensaciones corporales neutrales desprovistas de cualquier yo separado.

Con esta contemplación pierden su necesidad de ser evitadas o consentidas. Es decir, ya no provocan resistencia ni búsqueda. Tan solo permitimos que sean lo que son, sensaciones neutrales que surgen en nuestra presencia transparente.

Con el tiempo, y en el contexto de nuestra contemplación amorosa y desinteresada, la distinción entre las sensaciones y la presencia donde surgen comienza a desdibujarse. Y si tenemos el valor de permanecer con estas sensaciones —y sus sentimientos asociados— durante el tiempo suficiente y no huimos de ellas por los medios habituales —pensar y actuar—, revelan que su propia presencia es lo único que hay de ellas. De hecho, siempre fueron esta mera presencia, pero ahora son conocidas y sentidas como dicha presencia.

A medida que cada capa de sensaciones/sentimientos se evapora en el curso de esta comprensión experiencial, la siguiente, que reside más profundamente dentro del cuerpo, más cerca del sentido del yo esencial, se ve expuesta y asimismo liberada de todas las yoidades superpuestas, y sometida a la luz de la conciencia.

Llegado un punto, la sensación central del yo separado —el miedo a desaparecer y la sensación de carencia— se ve expuesta. En el caso de algunas personas, esta es la *primera* sensación que encuentran expuesta. Si ocurre esto, puede ser una experiencia atemorizante y podemos recelar de abrirnos totalmente a ella. Entonces podemos volver a aproximarnos progresivamente a la experiencia, como he indicado antes.

También puede ser que la afrontemos con plenitud la primera vez y que tengamos el valor y el amor de rendirnos totalmente a la invitación de liberarla a la presencia transparente de nuestro ser. Entonces los residuos de las sensaciones corporales permanecerán, en casi todos los casos, y con el tiempo serán expulsados del organismo, de un modo gradual, natural y sin esfuerzo.

Pero si nos acercamos a ello de una manera más progresiva, la exposición a este miedo y carencia esencial no será tan dramática e incluso podrá pasar inadvertida. Será tan solo después cuando descubriremos que la sensación central de separación alojada en el cuerpo se ha disuelto.

De cualquier manera, llega un momento en que toda la «tela» del sentido de separación alojado en el cuerpo ha quedado totalmente expuesta y ha sido ofrecida a la luz de la presencia consciente, la cual la ha absorbido cabalmente dentro de sí misma, por así decirlo.

Todo lo que queda ahora es la presencia, que permanece en sí misma y como ella misma. Esta presencia es la esencia de la meditación y, por lo tanto, la esencia de estas enseñanzas. Con el tiempo, se convierte en la esencia de nuestra vida.

De hecho, nunca se necesita nada aparte de esto. Todas las palabras están destinadas tan solo a apuntar hacia la permanencia de la presencia. La investigación en el nivel de la mente alivia a nuestro ser de las dudas y creencias con las que fue velado y expone las capas más profundas de sensaciones/sentimientos alojadas en el cuerpo. La exploración y disolución de estas capas acaba por liberar a nuestro ser de las capas más profundas de sensaciones/sentimientos superpuestas, de modo que este se muestra desnudo, sin adornos.

Libres de los dictados del yo tirano, experimentamos ahora el cuerpo y la mente como abiertos, vacíos, transparentes y sensibles, y están disponibles para expresar, comunicar, compartir y celebrar las cualidades esenciales de nuestro ser que son la felicidad, el amor y la paz.

No hay nada que la presencia tenga que evitar, ni existe ningún estado que pueda añadirle nada a su plenitud. Como tal, es la simple experiencia de la felicidad.

La felicidad es tan solo el conocimiento de nuestro propio ser —su conocimiento de sí mismo— tal como es. Permanecer conscientemente en este estado es pura meditación; al fin y al cabo, es la vida misma.

En otras palabras, la felicidad es la práctica espiritual más elevada.

LA LUZ DEL CONOCIMIENTO

Pregunta: *Has dicho repetidamente que la conciencia conoce los objetos del cuerpo, la mente y el mundo. También has dicho que la conciencia no conoce los objetos, los yoes, las entidades, las personas o el mundo. ¿Cómo podemos conciliar estas afirmaciones aparentemente contradictorias?*

La sugerencia de que la conciencia conoce los objetos es una verdad a medias que nos descarga de la creencia de que el cuerpo y la mente son una entidad independiente por derecho propio, con su capacidad de pensar, sentir y percibir. Una vez que esta formulación ha hecho su trabajo de desarraigar la creencia previa en la existencia de un sujeto y un objeto por separado, puede abandonarse a favor de la comprensión más profunda de que los objetos, como tales, nunca son verdaderamente conocidos.

Con el tiempo, por supuesto, esta nueva comprensión también tiene que abandonarse. Entonces nos encontramos brillando en el centro de la experiencia, incapaces de alejarnos de ella para acudir a los símbolos abstractos del pensamiento que concibe que hay yoes, entidades, objetos, personas y el mundo.

Así pues, esas dos afirmaciones no son contradictorias; la segunda constituye una ampliación y un perfeccionamiento de la primera.

Imagina que la luz del sol pudiese ver, además de iluminar.

En una noche oscura, el sol es incapaz de ver los objetos del mundo. Su luz brilla sola en el vacío. Únicamente la luna puede ver o conocer los objetos del mundo por la noche. Sin embargo, la luz con que la luna ve o conoce los objetos pertenece al sol.

De modo que aunque los objetos son iluminados, vistos o conocidos tan solo por la luna —no son vistos o conocidos por el sol—, es la luz del sol aquella con la que son vistos.

De la misma manera, la conciencia no conoce los objetos, si no que brilla en su propio vacío, conociéndose solamente a sí misma. A la vez, la luz o el «conocer» con que la mente parece conocer los objetos pertenece tan solo a la conciencia.

Y así como los objetos necesitan la presencia de la luna para ser vistos o reconocidos por la noche, los objetos aparentes del estado de vigilia necesitan la presencia de la mente para ser visibles.

Aunque es solamente la luna la que ve o conoce los objetos por la noche —el sol no entra en contacto con ellos— es tan solo la luz del sol la que se ve realmente, y es el sol el que ve.

Así pues, desde el punto de vista de la luna hay objetos; desde el punto de vista del sol, no los hay.

Sin embargo, el punto de vista de la luna es ilusorio. La luz con que la luna ve el mundo no es suya. Incluso cuando parece estar viendo, conociendo o iluminando objetos, nunca lo está haciendo. Siempre lo hace solamente la luz del sol.

Con el fin de que aparezcan los objetos, la luz del sol necesita reflejarse en la luna. De la misma manera, con el fin de que los objetos parezcan ser reales por derecho propio, la cognitividad que propiamente pertenece tan solo a la conciencia necesita ser reflejada o refractada por la mente. Cuando la cognitividad o conciencia es refractada por la mente, se manifiesta como objetos, del mismo modo que, cuando la luz del sol es reflejada por la luna, los objetos son vistos.

Aquello que la luna cree que son objetos son, para el sol, tan solo su propia luz. Aquello que la mente cree que son objetos son, para la conciencia, tan solo su propia luz conocedora.

Sin embargo, podemos ir más lejos. ¿Quién ve la luna? ¿El sol? ¡No! El sol tan solo ve, o conoce, su propia luz. De la misma manera, ¿quién conoce la mente? ¿La conciencia? No; la conciencia tan solo se conoce a sí misma. La luna es una luna tan solo desde su propio punto de vista. La mente es la mente tan solo desde su propio punto de vista.

Asimismo, los pensamientos, las sensaciones y las percepciones son pensamientos, sensaciones y percepciones desde el punto de vista de un pensamiento. La conciencia no los conoce. Ella tan solo se conoce a sí misma. Esto es la paz pura.

LA RELACIÓN CON UN MAESTRO

Pregunta: *¿Cómo ves el desarraigo o exposición de los puntos ciegos personales que parecen evitar que podamos lanzarnos a la apertura natural del ser? ¿Abogas por algún tipo de relación entre maestro y estudiante en que el primero pueda señalar estos puntos uno por uno al segundo, para que este pueda llegar a este tipo de liberación?*

El maestro no quiere absolutamente nada para el estudiante ni del estudiante. No tiene ningún plan para él. El denominado maestro ve al denominado estudiante como él mismo, es decir, como presencia. Según mi experiencia, esta actitud es la más efectiva en la aparente relación entre el maestro y el estudiante.

Durante mucho tiempo el mundo nos ha tratado como a personas separadas y, en consecuencia, hemos aprendido a pensar, sentir y comportarnos como tales. Un día, por obra de la gracia, o como resultado de un profundo anhelo de nuestros corazones, que también es una forma de gracia, podemos encontrarnos con alguien que no nos trata como una persona separada, con todas las exigencias y expectativas que ello conlleva, sino que nos trata como a nuestro verdadero yo.

Podemos registrar este encuentro sencillamente como amistad, como la sensación de que ese hombre o esa mujer nos gusta. Tenemos una sensación de comodidad y libertad en su compañía. Podemos no saber por qué y no importa. Sencillamente gozamos de esta comodidad y libertad, y disfrutamos de su compañía tan a menudo y durante tanto tiempo como continúe el deseo de ello y como las circunstancias lo permitan.

Constituye un gran alivio que no te tomen por una entidad separada, con todas las exigencias y expectativas habituales que acompañan a esta actitud. Simplemente somos libres para ser nuestro yo, sea lo que sea lo que esto signifique para cada uno de nosotros.

A veces el alivio es pequeño y se nota solo como una relajación en los niveles de la mente y el cuerpo, mientras que en otras ocasiones es más espectacular y hay risas y lágrimas.

Puede suceder que la enseñanza tenga lugar tan solo en forma de amistad. Hay poca o ninguna necesidad de hablar o explicar demasiadas cosas. Se trata tan solo de estar juntos. De esta manera la sencillez y la libertad del profesor nos permean, por así decirlo, y nosotros lo incorporamos, de la misma manera que nos contagiamos de un resfriado.

De todas maneras no estamos experimentando la comodidad y la libertad que usualmente experimentan las personas, sino que nos están permeando la comodidad y la libertad que son inherentes a nuestra verdadera naturaleza, en las cuales se hallan totalmente disueltos el cuerpo y la mente del maestro humano. Progresivamente nos anclamos en ello sin saber por qué, cómo o cuándo ocurrió. ¡Tampoco nos importa! Asimismo, puede ser que disfrutemos de hablar de ello, pero también puede ser que permanezcamos callados, que continuemos con nuestras vidas sin apenas mencionarlo.

Cuando le preguntaron a mi primer maestro, en clave humorística, cómo le gustaría renacer, respondió: «Autorrealizado, ¡pero sin la necesidad de hablar de ello!».

Pero muchos de nosotros somos más indagadores y queremos explorar esta degustación de la comodidad y la libertad. Es decir, queremos empezar a formular preguntas. Es en respuesta a este preguntar como evolucionan y se elaboran las enseñanzas. Si uno tiene el privilegio y la buena suerte de pasar tiempo con un hombre o mujer así, ve que las enseñanzas siempre son vivas, espontáneas y, sobre todo, adaptadas al momento. Así que las enseñanzas nunca son mecánicas, nunca se basan en fórmulas.

Puede ocurrir que el maestro, en respuesta a alguna pregunta específica y en el momento, desarrolle una línea de investigación o exploración o plantee cierto ejercicio que ayude a resolver el tema específico de que se trate. ¡Pero, después, tanto el alumno como el maestro lo olvidan! La experiencia es viva; tiene relación con el momento.

Son solo los intelectuales y eruditos quienes recopilan todas esas sugerencias del maestro y las convierten en un método o sistema fijo, que después se transforma en una religión.

En los primeros días junto a mi maestro me gustaban mucho los ejercicios y exploraciones que proponía, sobre todo los que tenían relación con la naturaleza del cuerpo y del mundo. ¡Eran tan experienciales! Al poco tiempo, y animado por él, comencé a elaborar mis propias líneas de indagación y exploración. ¡Era muy interesante y divertido!

Al principio me gustaba contarle esas exploraciones, para estar seguro de que me hallaba en el buen camino, pero después dejé de explicárselas y sencillamente disfruté de encontrar nuevas maneras de explorar mi experiencia. Esto fue así tanto respecto a los razonamientos como a las exploraciones del cuerpo y el mundo.

Al poco tiempo no tuve más preguntas en relación con las enseñanzas. No quiero decir con ello que lo supiera ya todo; tan solo que él me había dado la llave de oro y yo estaba aprendiendo a encontrar mi propio camino de regreso a casa.

Después de esto, durante algún tiempo tuve preguntas relacionadas con cómo este amor y esta comprensión se expresan a sí mismos en los ámbitos prácticos del mundo, como en el trabajo, en el arte, en las relaciones, en la familia, etcétera. A continuación, no tuvimos casi ninguna conversación más sobre estos asuntos; tan solo disfrutábamos de estar juntos, de cualquier manera en que nuestros dos caracteres se encontraran.

Así que el maestro no es, según mi experiencia, alguien con un arco y una flecha que esté apuntando a la ignorancia en todas sus formas sutiles. ¡Aunque el arco y la flecha están siempre ahí si son necesarios! Según mi experiencia, el maestro es más como un océano de amor e inteligencia. Es a este océano, al cual al principio adscribimos la persona del maestro y después la presencia impersonal, al que ofrecemos las creencias y las sensaciones relativas a la entidad separada y limitada, para que se disuelvan en él. No sé realmente cómo tiene lugar esta disolución; cada caso es único.

Unas pocas personas ni tan siquiera necesitarán la presencia de un maestro, pero también en estos casos excepcionales será el mismo océano de amor e inteligencia el que disolverá la aparente ignorancia.

Cuando volvemos la vista atrás para contemplar lo que fue la relación con el maestro, nos encontramos con un misterio. No sabemos qué ocurrió, cuándo, cómo o por qué. Todo lo que queda es un corazón que siente una mezcla de amor y gratitud. Desconocemos de qué estamos enamorados o a quién estamos agradecidos. Es casi imposible hablar de esto. Sin embargo, no es necesario hacerlo, puesto que uno descubre cada vez más que su vida entera se convierte en una muestra de este amor y gratitud.

Hace algún tiempo tuve un sueño sobre mi maestro que ilustra gráficamente mi relación con él.

En el sueño, mi esposa y yo habíamos estado con él en una casa vieja y grande y teníamos que partir al día siguiente. Quería despedirme de él y darle las gracias, así que empecé a buscarlo. Después de un rato ambos entramos en una pequeña habitación ubicada en el centro de la casa; entramos a la vez, por puertas distintas.

Nuestros ojos se encontraron y sonreímos con calidez. Llegué hasta él y le abracé, y permanecimos fuertemente abrazados durante algún tiempo.

En un determinado momento, estando todavía abrazados, comencé a frotar su espalda y le dije suavemente:

—Gracias, gracias, gracias.

Tan pronto como hube pronunciado el último «gracias» comencé a perder el equilibrio. Había permanecido de puntillas porque, en el sueño, él era más alto que yo. Empecé a balancearme, como si estuviese mareado, y alargué un brazo para encontrar algo sólido que agarrar. Sin embargo, mientras lo hacía, algo dentro de mí decía: «No; no te agarres a nada sólido. Déjate ir completamente». Mientras estas palabras resonaban, nuestros cuerpos empezaron a mezclarse uno con otro. Después de un rato ambos estaban completamente fusionados y disueltos uno dentro del otro. Permanecimos así durante un lapso intemporal. En algún momento nuestros cuerpos comenzaron a emerger y a adoptar de nuevo sus formas respectivas. Al poco tiempo estábamos uno frente al otro de la forma habitual. Entonces me dijo:

—Cuando les hables a los demás, acuérdate de decirles quién lleva la luz.

Dijimos adiós y nos marchamos.

Pregunta: *En la tradición hindú, la enseñanza consiste en una transferencia de comprensión o energía, en función de la capacidad del estudiante, activada por el gurú o maestro. Pueden utilizarse o no palabras, pero no son el medio principal. Puesto que me gusta mucho cambiar impresiones con otras personas que se hallan en el camino, a menudo una autoindagación honesta se convierte en una lucha de opiniones. ¿Qué comentarías al respecto?*

Tienes razón al decir que las palabras no son el medio principal de enseñanza. De hecho, son la capa más externa de la enseñanza. Sin embargo, el lenguaje consiste en mucho más que en encadenar sonidos abstractos. Por ejemplo, todos sabemos que hay innumerables maneras de decir sencillamente «hola». Cada una de estas maneras añade profundidad y significado a la palabra. De hecho, es la manera como decimos la palabra, más que la propia palabra, lo que es verdaderamente importante. De la misma manera, hay muchos otros aspectos del maestro o de la enseñanza que transmiten la esencia de la comprensión.

Incluso más potentes que estas formas más sutiles de comunicación son el silencio, el amor y la comprensión de los que surgen las palabras. Si nuestras palabras provienen de este silencio vienen, por así decirlo, embarazadas de él, y llevan este silencio, directamente al corazón del oyente. El oyente puede no ser tan siquiera consciente de que esta semilla de silencio ha sido plantada en su corazón. Es solamente después, cuando la semilla germina en nosotros, cuando la mente registra el hecho de que algo ha cambiado. Nosotros no necesitamos saber, de hecho no podemos saber, cómo o cuándo se plantó esa semilla.

Es como enamorarse. ¿Por qué fue ese rostro en concreto o esa sonrisa en particular lo que suscitó ese amor tan profundo? ¿Quién lo sabe y a quién le importa?

Y cuando ese amor se desencadenó en nosotros, ¿acaso no era algo que conocíamos desde siempre pero que aparentemente habíamos olvidado? ¿Acaso no reconocemos ese amor como la cosa más íntima y familiar que conocemos? ¿Acaso no sabemos que es por eso por lo que vivimos, no por esa persona, sino por ese amor?

Ocurre lo mismo con las enseñanzas o con el maestro. ¿Qué hay en las enseñanzas o en el maestro que parece precipitar el despertar del amor por lo Absoluto? ¡No lo sé! ¿Cómo es que una mirada, una palabra o un gesto pueden derretir el corazón? ¡Tampoco lo sé!

Para empezar, puede parecer que este amor depende del maestro, igual que cuando somos adolescentes sentimos que ese amor depende de nuestra novia o nuestro novio. Pero con el tiempo este perfume permanece cuando el maestro o las enseñanzas no están presentes. Y es que tal vez es solamente el pensamiento del maestro o de las enseñanzas todo lo que se necesita para volver a despertar el amor que habita en el corazón.

Con el tiempo, ni tan siquiera el pensamiento del maestro o las enseñanzas es necesario. El amor sencillamente despierta a sí mismo por sí mismo. De hecho, siempre ha sido así. El maestro, las enseñanzas, el amante y el bebé fueron tan solo las formas que adoptó el amor para traer a la entidad aparente de regreso al corazón.

ÍNDICE